Hi, Historical Record

史记来了！

司马迁带你读史记

大梁如姬 / 著　　李玮琪　李娅 / 绘

叁 战国

海豚出版社
DOLPHIN BOOKS
CICG　中国国际传播集团

战国

田氏　一个外来户家族几百年的谋国之路，让姜太公的老齐国换了新姓氏。

吴起　辗转鲁、魏、楚等国的复合型人才，文能治国，武能打仗，死后还能复仇。

孙膑　齐国军师，围魏救赵、减灶诱敌、树干上写预言，被同学伤害和成就的一生。

商鞅　秦国改革家，他用自己的生命证明，他制定的法律真的管用。

赵武灵王　跟少数民族学穿衣，提升军队战斗力。

苏秦　兼任六国国相的"国际化"高管。

张仪　秦国国相，在楚国受过多大的侮辱，一定要让楚国加倍付出代价。

屈原　楚国贵族，他不仅是才华横溢的诗人，更是一位有远见卓识的政治家，只可惜，贤臣没能遇上明君。

乐毅　燕国将军，率五国联军打下齐国七十多座城，被齐将田单施反间计丧失军队领导权。

田单　驱火牛奇兵上阵，挽齐国于危亡之际。

孟尝君田文　齐国国相，因生日不吉利差点被遗弃，后来靠不拘一格用人才走上人生巅峰。

平原君赵胜　赵国国相，能惹祸但也有担当，只是被爱自荐的门客毛遂抢了不少戏。

信陵君魏无忌　魏国公子，礼贤下士，乐于助人。

春申君黄歇　楚国国相，如今的上海曾是他的封地，所以别称"申"。

范　雎　在魏国被虐得很惨，后来到秦国发光发热，为秦王提出"远交近攻"的战略方针。

蔺相如　赵国上卿，和霸道秦王硬杠，对小心眼的同事礼让，有勇有智更有大格局。

廉　颇　赵国名将，以知错能改、诚心道歉而闻名于世。

赵　奢　收税员出身的赵国将军，眼光独到，看出饱读兵书的儿子并不是打仗的料。

赵　括　赵奢的儿子，长平之战的赵国主帅，四十多万条性命印证了他的确只会纸上谈兵。

白　起　秦国名将，长平之战的赢家，残忍杀降数十万，临死前他悔悟了吗？

王　翦　秦灭六国的主将，如何做到功高但不震主，他给出了教科书级的示范。

吕不韦　靠着一笔好买卖，这个商人当上了秦国丞相，只不过，最后想要脱身可不容易。

荆　轲　燕国太子请来的职业杀手，刺秦虽失败，故事永流传。

田氏
田氏代齐，老字号上新啦

隐隐约约听过你们有首《朝代歌》，什么"三皇五帝夏商周，东周分两段，春秋和战国……"今天，我就带你们来到了春秋战国的另一个分界线——田氏代齐。

齐就是齐国，是当初姜太公的地盘，田氏是齐国的一支贵族。因为姜太公的治国理念和晋国差不多，只重人才不重出身，国君的命运就也和晋国一样，被强大起来的贵族取代了。其实，从天子到诸侯争霸，从诸侯到臣子篡权，这种套娃式的权力下滑是封建制度的宿命。封建主们把自己高高挂起，粗活重活都交给底下臣子，于是干活的得实权，最终造成阶级逆转。

和晋国不同的是，取代齐国的田氏没有换国号，还顶着齐国的皮肤继续生活。啧，多少有点儿冒名顶替的味道。

田氏是怎么取代齐国的？罗马不是一天建成的，田家当然也不是一天完成顶替的。说起来，又得往前穿越几百年。

那是公元前672年，齐桓公在位的齐国。某天，从西南方向来了一批客人，领头的叫陈完，是隔壁陈国的大夫。他不是来出差的，而是来请齐桓公收留的。齐桓公让他讲了讲情况。原来，陈完本来也是尊贵的公子，他爹是陈厉公，但厉公这君位是踢走小侄子篡来的，这隐患一旦埋下，为了争谁是最合理的继承人，就造成了陈国贵族们几代动荡。不想把命交待在那儿的陈完，只好提溜着家产跑了。

听完这一系列糟糕事，齐桓公点了点头。按春秋的国际惯例，邻国贵族有难，其他国家有义务给他们一块地盘好好养着。齐桓公财大气粗，收留陈完之后还打算给他封个高官，陈完低调地谢绝了。

陈完跟田氏有什么关系呢？他是田氏在齐国的"创氏人"，把陈改成了田。从此，他的后代都以田为氏。

最开始，齐国有自己原始的贵族，比如当初支持齐桓公上台的原始股国氏、高氏，齐桓公老师鲍叔牙的鲍氏，齐国某任国君的后代崔氏、庆氏等，田家在其中只是刚刚能容身。但田家人擅长经营，到齐景公的时候，田家子孙田乞已经能排到老三或老四这个位次了。

别看田乞名字里有个乞字，他可不是那种伸手要东西的家伙，恰恰相反，他"大方"得很。向老百姓征税的时候，他用小斗去收，等放粮的时候，他就换上大斗，用公家的财物为自己私人赚名声。老百姓知道田家人对自己好，于是很多人都投靠到他们门下，给田家当农民。田家的势力越来越大。

聪明的晏子看出了田家的心思，经常劝齐景公管着点儿，景公也无能为力。晏子只能私下跟好朋友吐槽："以后齐国估计会是田氏一家独大了。"

后来，历史来到了晋国的范氏和中行氏跟其他三家卿打群架的阶段，晋国乱作一团，田乞那不安分的心也跟着动了，琢磨着搞事情。等超长待机的齐景公电量不足，身归九泉以后，国氏和高氏遵遗命立了位小国君，田乞就不肯答应了。他看好另一位公子，就忽悠另一家鲍氏，说国、高两家有野心，于是田、鲍联合，把国、高赶出了齐国。随后，田乞杀了小国君，把自己看好的公子扶上位，终于成了齐国政坛一把手。

田乞能废立国君，他儿子田常也不落后于他。在这两代田氏手里，齐君连着换了好几任。不过，田常也怕自己做得太过分，导致外国人干涉，干脆来了一次卖地行为，把齐国人以前辛苦打下来的鲁国和卫国的地盘都还了回去，又跟晋国这会儿掌权的韩、赵、魏三家签和平条约。经过一系列操作，大家也就都承认田常是个忠于齐国的好人了。

田常还忽悠新任齐侯说，大家都喜欢受恩，讨厌惩罚。这样吧，以后施恩的事就由国君你来做，惩罚别人的事让我去干，坏人都由我来当！

我记得周代先贤有句古话："器与名，不可以假人。"意思是，国家的重器和国君的名号，不能借给别人用。现在，齐国惩罚的大权都在田常手里，你用脚趾想想，齐国人心里的田常会是什么样？没错，自此以后，大家都很怕田常，而不知道有齐侯了。

说一不二后，田常又给齐国政坛来了一次大清洗，仅剩的鲍氏、晏氏，以及齐国历代国君的儿子们的家族，但凡有一点儿势力的，都被清扫干净。解决完内部，田常终于走上晋国韩、赵、魏的老路，把齐国的一大半土地都划归了自己名下。

有了取代齐国的心思，田常经常感慨时不我待。毕竟，他这一代人想完成大业，当齐国的"平替"，多少还是有点儿缺人的。于是，他想了一招——选一百多名身高一米六以上的女人当老婆，给田家添丁添口。等田常这辈子结束时，田家已经多出了七十多个儿子。在人丁并不繁茂的古代，人口就是最昂贵的资源。

田常的儿子田盘接替他继续在齐国当国相。田盘当国相期间，晋国的韩、赵、魏三家杀死智伯，瓜分了他的领地。田盘也开始在齐国全面布局：把兄弟们和其他田家人全部安排在齐国的大小城市当城主，并和新兴的韩、赵、魏三晋互通使节，搞好邻里关系。这么一来，几乎整个齐国上下都是田氏的了。

然后又过了两代，一个叫田和的田氏子孙，

终于和魏文侯接头，送了点儿礼，请魏文侯去给周天子打报告，封他当诸侯。这事魏文侯有经验，毕竟十几年前，他和赵氏、韩氏就操作了一次。于是，公元前386年，田和正式当上了诸侯。而且，他仍然用齐做国号。原先那位可怜的齐侯，虽然早就被搬到偏远的海边上，只留了一座城生活，但现在，最后这一座城也被没收了。

　　田和享受了和姜太公一样的谥号，也叫齐太公。为了区分，有人把姜太公的齐国叫姜齐，田家的齐国叫田齐。田氏代齐，还是老字号，只不过换了老板，重新挂牌。

史记原典

> 狐裘虽敝，不可补以黄狗之皮。
>
> ——《史记·田敬仲完世家》

译文 狐狸皮做的裘衣虽然破了，也不能用黄狗的皮来补。

赏析 质量次等的东西和好的凑到一起，就会显得不伦不类，别人还是一眼就能看出来。晋代有个含义类似的成语——狗尾续貂。当时，高级官员帽子上的装饰是用貂毛做的，但晋朝太乱了，篡权上位的人封官太多，导致貂毛不够用，就用狗毛续上了。这是个极具贬义的成语。

**史记小百科**

怎么那么多预言帝？

关于田氏代齐，还有一则神话性质的故事。

陈完出生时，周朝的太史刚好路过陈国。这可是"高科技"人才，陈厉公逮着太史求他给自己儿子卜一卦。卜出来后，卦象是观卦和否（pǐ）卦。太史解释说，这卦寓意很不可思议，这个孩子可能会拥有国家，不过可能不是在陈国，而是在其他国家。当然，也可能不在他身上，在他后代身上。接着，太史又神神叨叨地说了一句："如果在其他国家，那我估计是姜姓国。"后来，陈完到了齐国，齐国贵族要把女儿嫁给他，又卜了一卦看合不合适。卦辞说，这是凤凰和鸣啊，非常合适。他们的后代，五代以后要昌盛，八代以后没人能超过他。

当时的人这么神吗？按这种说法，岂不是每个人的命运都是老早就预定好的？其实，这些所谓预言，都是后来取得大位以后的人因为自己得位不正，向上追溯编的故事。

吴起

报仇的事，我自己来

嗨，各位好啊！你们知道我司马迁其实是个魔法师吗？只要经常来跟我见面，你们就会变得学富五车……嘿嘿。今天要说的这位，已经是彻彻底底的战国人了。他的名字叫吴起。不认识没关系，现在学习也不迟。

吴起是个什么人？如果我给他写小简历，应该怎么介绍他的身份？这倒有点儿把我难住了。因为，人家不像我，一个"太史公"或"写历史的"就定义了。他是个复合型人才，头衔多着呢，军事家、政治家、改革家、军事理论研究学者、创意复仇专家……

吴起是儒家弟子。他的老师，就是大名鼎鼎的孔子……的弟子曾参的儿子。吴起能拜在曾老师门下，资质天赋就不用多夸了。在老师的鲁国，吴起也曾有过出色表现，但鲁国万古保守派，不喜欢外人挤进来分蛋糕，把他赶走了。

吴起很失望，却没有绝望。正所谓天大地大，处处是家，他一身才华，怎么能当个雁过无声的人呢？恰好，魏国正在国际招聘板块上发"老板直聘"信息，真是瞌睡遇上枕头——求之不得。吴起卷好铺盖，圆润地滚到了魏国。

魏文侯向国相李悝（kuī）询问吴起的为人，李悝直言不讳一顿褒贬："吴起这个人吧，有才那是真有才，就是道德品质不行。但是论打仗，哪怕军神司马穰苴（ráng jū）也不如他。"魏文侯想，用人当然是用他的长处。就这样，吴起喜提了新工作——魏国将军。

刚到魏国不久，吴起就迅速露了一手——拿下了秦国与魏国接壤的五座大城。别急着夸，吴起不败的军事生涯这才刚刚开始呢。为啥吴起总能打胜仗？除了有成熟的军事思想，也离不开跟士兵的关系。

吴起完全承袭了齐国杰出将领司马穰苴爱惜士兵的做法，他毫无领导架子，每天和最下级的士兵同吃同住，从不搞特殊待遇。甚至，他还会帮下级士兵分担工作，亲自背粮爬山，活脱脱一个感动全营的"我的老班长"。冬天行军条件艰苦，有士兵身上生疮，吴起毫不犹豫，撩起衣服亲自用嘴帮他吸出脓液，把弟兄们感动得人人都愿意为他去死。军旅生涯，大家本来都是陌生人，除了同仇敌忾，实在是需要一个好领导才能把大家的心串在一起。

因为表现出色，魏文侯很信任吴起，把魏国最重要的边防工作交给了他——当西河守将，阻挡秦国侵略者和隔壁的韩国。魏文侯死后，儿子魏武侯即位。吴起资历更进一步，一边给小领导当人生导师，一边着手搞军事改革。为什么要改革呢？

春秋时期，诸侯打仗用的都是战车法，这种打法，到末期就差不多开始淘汰了。因为，吴国和越国加入了战场。吴越山地多，战车根本跑不起来，他们更习惯用步兵攻击，用新的打法给守旧的人教学。这也是吴越在春秋末期能纵横中原的原因之一。

吴起总结经验，在魏国率先着手改革事业，这一训练，就搞出了让当时天下闻之色变的重装甲精锐步兵——魏武卒。完成版本更新的魏国，轻轻松松就让秦国领受了改革的"秋风"，魏武卒一出，他们就要狼奔豕突，版图内缩好几百里地。

那会儿的魏国，简直是诸侯各国里的神话。

可惜，最优秀的人往往不会死在敌人之手，而是被内部消耗。魏武侯的国相公叔痤（cuó），就是这个逼走吴起的柠檬精。公叔，如果你是个能举一反三的好学生，听到这个氏你就可以大胆地揣测，他是不是某任国君的叔叔？对，没错，那会儿某公的叔叔就叫公叔某。这位魏国本土权贵很担心外来势力吴起把自己给比下去，就想把他扫地出门。所谓"主忧臣辱"，见主人忧心，公叔痤的手下察言观色到了，并给领导出了个好主意。

小弟的策略其实很简单，就是离间吴起和魏武侯的关系。公叔痤娶了魏国一位公主为妻，这个人物关系可以好好利用。这样，离间只要三个步骤：一、跟魏武侯说，人才吴起在魏国没有归属感，不把魏国人当家人，说不定啥时候就走了。留住他的办法，就是把公主许配给他。二、公叔痤请吴起来家做客，然后故意激怒公主，让公主表现出飞扬跋扈盛气凌人不把国相放在眼里的样子，吓退吴起。三、吴起谢绝娶公主，魏武侯就会相信第一条，然后开始陷入猜忌，聪明的吴起一定会怕招来灾祸而开溜。

公叔痤按计划行事，去找魏武侯设套路。吴起再聪明，也只能按别人写好的剧本走。公叔痤家的公主竟然这样凶悍可怕，想来魏国的公主都不好伺候。这一招果然劝退了吴起。而既然已经拒绝了公主，吴起也不好意思再在魏国待着了，只能被迫离职，远走他乡。

这次吴起去了哪里？楚国。现任熊大楚悼王对他的大名早就如雷贯耳，心说自己是个捡漏大王，对着魏国方向感谢了一万遍后，就把楚国令尹的位子给了吴起，并表示全力支持吴起在楚国的所有行动。

在楚国这个超级大国，吴起大展拳脚的机会来了。还是先搞军事改革。

然而，更大的舞台，相对应的是更复杂的局势——和魏国喜欢引进外来人才的机制不同，楚国一直都由王室的父老兄弟们掌握权力，所有油水部门也站满了大大小小的亲戚。等于说，楚国的大部分税收都拿去供养那些大户了。所以，别看楚国大，却是个阶级固化的超级腐败大国。

想复制一支魏武卒，没有钱的支持怎么行？但让别人把口袋里的钱掏出来，恐怕也不太可能，所以，吴起只能先把楚国的政

治格局改了：先是一次大型裁员，把那些蛀虫踢回家；然后，八辈祖宗曾经是王的贵族，国家不再给钱养着了。如果想有钱，想维护贵族生活，就自己参军打仗挣体面吧！

不用说，这些本来已经躺平，却被吴起强行拽起来的楚国贵族心里有多恨。不过，熊大支持吴起，谁也不敢说啥。虽然只是短时间的改革，但效果很显著。吴起带着楚军四面八方教别人做人，南平百越，北吞陈、蔡，揍三晋韩、赵、魏，西边把秦国摁得死死的……那段时间，江湖上到处都是他忙碌的身影。

吴起打仗，是有完全成型的军事思想的，他的那些兵法，还被他和他的学生们总结成了兵书，就叫《吴子兵法》。我在这本书的《图国》一章看到过一句话："（吴起）与诸侯大战七十六，全胜六十四，余则钧解。"你瞧瞧，一生七十六场大仗，从没输过，这要多牛才能达到呀。

然而，当吴起的改革正大步进行的时候，有一个关键环节掉链子了——熊大死了。楚悼王一死，吴起的保护伞倒了，楚国蛀虫们再次爬出树洞，组成了复仇者联盟。这几年，被人动了蛋糕的楚国贵族不是不恨吴起，只是在默默憋着劲，等着放大招呢。

现在，他们甚至无法多等一天，在楚悼王的追悼会上就向吴起发起了围攻，箭像雨一样倾盆而下。不用想，吴起一定成刺猬了。临死之前，吴起最后一次给楚国贵族附送了一波暴击伤害——趴在楚悼王的遗体上。箭随着吴起的移动而移动，唰唰唰，吴起成了刺猬，唰唰唰，楚悼王也成了刺猬。

新上任的楚肃王一看，这还了得，爹还没下葬，尸体先"烂"了，还怎么好意思为人子，接纳他整个遗产啊？于是，楚肃王一声令下，所有参与围攻吴起，或者说射杀了先王的人，族灭。

人固有一死，或一个人孤零零下黄泉，或大家整整齐齐结伴而行。吴起不甘心轻于鸿毛地走，临死前丢出一个更新大礼包，随机抽取了七十多个幸运家庭进行投胎服务，为自己报了仇。

史记原典

在德不在险。若君不修德，舟中之人尽为敌国也。

——《史记·孙子吴起列传》

译文 政权稳固在于领导修德，不在于地理形势的险要。如果你不修好德行，即便这会儿在我们这一条船上的人，也可能会投到敌国，成为你的敌人。

史记小百科

春秋时期的司机有多牛？

春秋时期，中原战场流行的是车战模式。一辆普通战车里一般装三个人：车左张弓搭箭，管远程攻击，同时也是这辆车的最高领导；车右手持长矛刀剑，管近距离攻击；中间的是司机，负责带一车人冲进冲出。

司机是掌握这辆"坦克"的技术人才，有时候主帅深陷敌阵，都得靠司机高超的驾驶技术力挽狂澜。所以，春秋时期经常有得罪司机导致司机捣乱的例子。比如，宋国主帅开战前分发羊肉，忘了分给司机，导致司机带着他直接冲进了敌营，喜提被俘虏的人生经历。最后司机还说：昨天的羊是你管，今天的马由我管（畴昔之羊，子为政；今日之事，我为政），为大家创造了"各自为政"的成语。

孙膑
一切尽在掌握中

大汉的天文官司马迁再次向大家问候,《太史公书》准时上新！

好像到了战国,复仇逆袭的"爽文"开始明显增多了。今天要说的孙膑(bìn)也是。孙膑其实不叫膑,说起来,当时给人取外号的人真有点儿缺德倾向,我给你举几个例子便一目了然：孙氏被剜(wān)了膑骨,就叫孙膑;战国时的宫廷脱口秀艺人淳于髡(kūn)因为受过被剃掉头发的髡刑,所以被人们叫作淳于髡;秦末的将军英布犯法受了黥(qíng)刑,从此被呼黥布。孙膑的原名我已经考察不到了,说起他的这个名号,就不得不说到他的一个同学。

话说当年,孙膑也跟大家一样需要上学,他的专业课还是老祖宗孙武的技能——兵法。上学那些年,孙膑不孤独,他还有个同班同学叫庞涓(juān)。临近毕业时,庞涓先出门找工作去了,一番海投，被魏惠王直聘去魏国当了将军。

魏惠王这人可不简单，你如果细心一点儿就会发现，前面我们说了那么多国君，除了不服周的楚国，其他人的称呼都是"某侯"或死后叫"某公"，意思还是给周天子打工的诸侯。而魏惠王觉得"侯"已经没法装下他的能力了，于是在战国大舞台带头称了王。当然，这是本文故事后面发生的事，但这也可以证明，魏惠王一直在积极搞事业。所以，当时不少毕业生都喜欢来魏国找工作，当年的孟老夫子也到魏都大梁求过职呢。所以，能进魏国，庞涓非常满意。

不过，世上还是有让他不满意的人，那就是孙膑。因为，孙膑专业课学得比他扎实。自卑的人总有"被害妄想症"，庞涓觉得自己能稳居魏国将军，是因为来得早占了坑，一旦以后孙膑也来应聘，两人一比较，魏王就要变成喜新厌旧的"渣男"了。有病得治，庞涓从不内耗自己。

找了个机会，庞涓把孙膑喊来了魏国。孙膑当然毫不知情，开开心心来投奔。可不止川剧表演者会变脸，庞涓也会。没多久他就给孙膑找了个罪名，按律法要砍掉两只脚，再在脸上刺字。孙膑呼天不应，只能领受刑罚，自此，被砍了脚剜去膑骨的他就被人叫作孙膑了。没了脚的孙膑被庞涓雪藏了起来，行动都不能自如了，他还能拯救自己吗？

能！

作为魏国有头有脸的人，外国来出差的人经常也会到庞涓家里坐坐。有一次，打东边的齐国来了一个人，让孙膑感觉人间终于有光了。因为，他老家就是齐国鄄（juàn）城的。艰难地跟老乡接上头后，齐使比庞涓大公无私，见孙膑这么有才，走的时候就把他藏在马车里带回了齐国，安排在将军田忌家里。

田忌，从这个氏就可以知道他的来头，是新齐国的王族。大概因为都是军事方面的人才，田忌很看好孙膑，把他当贵宾对待。

当时，齐国贵族最喜欢玩的游戏是赛马。几场比赛看下来，孙膑就发现各家的马实力其实差不了多少，大致能分成上、中、下三等。于是孙膑就给田忌出主意，先用下等马和对手的上等马比，自然是会输掉这一局，但接下来用上等马对人家的中等马，用中等马对人家的下等马，这两局都能轻松取胜，最终以二胜一败的战绩赢得比赛。这种教科书式的谋略，果然走进了你们的教科书。

孙膑露了这么一手，不仅震惊了田忌，名号也很快被齐威王知道了。齐威王，光看这个王字就又值得我暂停介绍一下。魏惠

兄弟——
快回来救我！

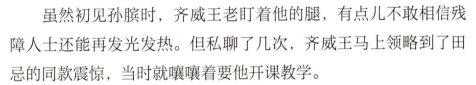

王带头称王的时候，齐威王就是陪他一起壮胆的那位。当时，魏齐两国领导人有一样膨胀的野心，就相约在徐州见了一面，互相表达了"想踩在周天子脸上"的心思，于是一起愉快地宣布当王。这算是个历史名事件，叫"徐州相王"。当然，此时称王的事也还没发生。和魏惠王一样，齐威王这会儿也还在努力出名呢。

虽然初见孙膑时，齐威王老盯着他的腿，有点儿不敢相信残障人士还能再发光发热。但私聊了几次，齐威王马上领略到了田忌的同款震惊，当时就嚷嚷着要他开课教学。

现在的局面就有意思了。齐威王和魏惠王是同时代的两个牛人，而他们手下的孙膑和庞涓是一对冤家，这两个国家注定要打一架。机会很快就来了。

事情是这样的：公元前354年，赵国先伸手打了卫国，魏惠王不干了。不是因为国号同音有感情，而是这会儿，卫国已经是魏国的小弟了。魏惠王派庞涓发兵，把赵国的首都邯郸城给包围了。赵国很着急，赶紧向拳头很硬的齐国和楚国喊救命，楚国答应派人，齐威王也很心动，派田忌当主帅，孙膑坐在车里当军师。

田忌没那么多花花肠子，喜欢打直球，上来就说直接去邯郸救人好了。孙膑忙给田忌打比方：你要解开一团乱丝，不能生拉硬拽，那肯定越扯越紧。你要把互殴的两个人拉开，也不能直接参与进去……经过赛马事件，田忌很信任孙膑，全力支持孙膑的打法，孙膑就用上了一条流传久远的计谋——围魏救赵。

顾名思义，具体操作方法就是，齐军不直接去邯郸城下拉架，而是溜去打魏国的首都大梁。魏国大军在外，大梁肯定空虚，那么，魏王肯定会紧急把庞涓召回去，赵国的围困就解了。问题又来了，这架还打不打呢？没说不打，孙膑安排齐军全速前进，赶到庞涓回来的必经之路上一个叫桂陵的地方蹲草丛。等他们来了，爬起来吓他们一跳——呃，是打他们一个措手不及。

剧本写好了，接下来喊演员们上来表演就可以。毫无悬念，急着救老巢的庞涓一路跑得气喘吁吁，还没来得及休息呢，就被蹲草丛的人出来一顿冲杀。于是，魏军大败，连庞涓本人都被抓了。

仇人落到自己手里，该轮到孙膑报仇了吧？还没有。庞涓多少也学了那么多年兵法，知道留点儿后招。他虽然自己带着人回去救魏，但只带了一小部分人，大部队还在围着邯郸呢。等于说，赵国的警报还没解除。最后，是几个国家的老大出面做和事佬，魏国这才解了包围，齐国也把庞涓放了回去。

但孙膑总有报仇的机会。虽然比君子报仇要晚一点儿——十三年后。

魏国是从晋国分出来的，所以总喜欢戳一戳一起分出来的老兄弟韩国和赵国。祖传窝里斗？倒不全是因为这样。你想，魏国已经这么强大，没分家之前的晋国该有多厉害？所以，魏国偶尔也会冒出再统一"三晋"的心思。这次，魏国邀了赵国组团去欺负韩国，还是由庞涓领兵。韩国哪里能单挑两位大哥，赶紧又找齐国求救。齐国又一次派出田忌。跟着军师多年，田忌也学到了些皮毛，直接按原来的配方往大梁走。

庞涓很烦很郁闷，只好又一次回去救祖国。那年头，魏国打仗赢面大，所以魏军气势很凶，恨不得见到齐国人就生吞。孙膑于是开始在这上面耍心眼子。

打仗要走很远的路，一路上大伙儿都得吃饭，所以，军队所到之处都要挖灶烧火。孙膑的计划就是，齐军每走一段路，就把灶减少一些。这有什么用？庞涓的勘察队见此情景，就会猜测齐国队伍不团结，士兵正在慢慢溜走。

就这样，孙膑一路留记号，庞涓一路追。到了一个很狭窄的地方，孙膑让人往树上写了一行字："庞涓死于此树之下。"庞涓跟来这里的时候，以为齐军没几号人了，根本没设防，还举着火把去瞧树上的字，结果埋伏的齐军发起攻击，魏军大败。庞涓知道没法翻盘，无奈举剑自杀。

孙膑终于用自己的办法，对心胸狭窄的老同学完成了最精彩的报复。这之后，孙膑把这些作战方略也集结出了书，这就是《孙膑兵法》。

史记原典

夫解杂乱纷纠者不控卷，救斗者不搏撠（jǐ）。

——《史记·孙子吴起列传》

译文 想解开缠在一起的东西，整个手上去也没用；想劝阻斗殴的人，不必亲自加入搏击。

发挥 这是比喻遇到事情不要用蛮力，事情有更巧妙的化解方法。很多时候，用拳头不如用脑子。

史记小百科

《孙膑兵法》和《孙子兵法》是同一本书吗？

　　秦始皇一统天下后，烧毁了各国史书，所以，战国部分的史料非常稀缺，连司马迁跋涉后辛苦创作的《史记》，内容也经常出现矛盾点。这就导致了战国历史记载的可信度飘忽不定，很容易遭到研究者的质疑。又因为《史记》提到的《孙膑兵法》后来失传，有人提出，历史上可能根本没有《孙膑兵法》这本书，或者说，它其实就是《孙子兵法》。

　　直到1972年，山东临沂（yí）银雀山一号汉墓挖出了一批竹简，经过整理编订发现，有一部分的内容正是《孙膑兵法》。至此，《孙膑兵法》重见天日。虽然这批竹简的目录没有史书记录的全，但也足够证明，司马迁的时代是有这本书的。他的《孙子吴起列传》中孙膑与庞涓的恩怨，应该就是参考了书里的内容。

商鞅

作法者的成功与灭亡

哈喽！今天，我们周游来到了秦国。

如果你随机采访一个春秋战国时期的人，问问他们对秦国人的印象，春秋人会说："那是一群老实淳朴的陕北汉子。"而战国人会说："那是虎狼禽兽之国！"是谁把老实人变成了"禽兽"？没错，就是本文主角商鞅。

商鞅是个没落贵族，老家在卫国。出场的时候，人们叫他公孙鞅。公孙这个氏，证明他祖上有人当过国君。不过，到这会儿，卫国已经破落，国君都不行了，更别说国君的后代了。所以，从小喜欢研究法律的公孙鞅，只能离开祖国出去找工作。他去了隔壁先富裕起来的魏国。出了国，公孙鞅就可以用国名为氏，叫卫鞅了。

卫鞅投靠的是魏国国相，就是前面看到吴起比他厉害，变着法赶走吴起的那位公叔痤。可想而知，跟着公叔痤，卫鞅是混不到前程的。一直到公叔痤重病在床，魏惠王亲自来探视，也许是考虑到命不久矣，再也没法跟活人争了，也许是对祖国还有点儿责任心，在魏王请老国相推荐接班人时，公叔痤终于推出了卫鞅，还说要魏王全听他的。

这话卫鞅听了流泪，魏惠王听了沉默，心说，真有才你之前咋不说？见大王满脸不信，公叔痤的话风突然变了，把左右全部屏退，跟魏王说，如果不用卫鞅，那就杀了他，绝不能让他活着走出魏国。魏王觉得老叔大概是病糊涂了，含糊应付过去了。

你以为这就完了？等魏王走了以后，公叔痤又变脸了，把卫鞅叫进来，重新播放了一遍跟魏王的对话，让他快跑，主打一个在谁那儿都要卖好。不过，卫鞅很清醒：大王既然不信你的话用我，那应该也不会听你的话来杀我，就没离开。

可人才如果得不到重用，最终还是要流失的。一段时间后，在魏国还是没有升职空间，西边刚即位的秦孝公又在发人才招聘广告，卫鞅终于坐不住了。不能在一棵树上吊死，其他树上也要吊吊看，于是，一路山水迢迢，卫鞅到了秦国。

在秦国当官也没那么容易，卫鞅辛苦面试了三次，才终于说到了秦孝公的心坎上。原来，秦国目前最想要的是强国强兵。那好办，改革嘛。

听卫鞅喷了好几天口水，秦孝公也相信眼前的人就是秦国想要的人才了，于是全面支持卫鞅改革。怎么改？法律要让百姓信服，先得在民众那里搞个大案例。

这天，卫鞅来到秦国都城市场的南门边，放了一根木头，贴上告示说：谁能把木头搬到北门去，就给谁十金。如此简单的条件，如此丰厚的报酬，群众指指点点看热闹，但根本没人相信。卫鞅无奈，把赏金提高到了五十金，人群里响起一阵嘘声，人们纷纷交头接耳。此时，一个人冒着被众人耻笑的风险，出手把木头移了位。卫鞅也不多说，立刻奉上金子。大家这才相信，这卫鞅说的话还真不是虚言。

接下来，卫鞅就开始了轰轰烈烈的改革。不过，这些改革只是针对秦国当时的困局，放到后来人眼里，并不值得推崇，甚至还很恐怖。我带你们感受一下。

如果你生活在这会儿的秦国，你会接到一条命令，从此以后，你只能当一种人——"耕战之民"。耕是种田的，战是打仗的。意思是，有田种的时候，大家就面朝黄土背朝天地干活；要打仗了，就得自带干粮去当兵。就是说，成年或者身高长到合格劳动力高度后，你的人生只有这两种状态。

为了让你本本分分做小兵和老农，你要禁止一切娱乐活动。什么唱歌跳舞，通通都没有了。因为音乐会迷惑人心，让你颓废。漂亮衣服也没有了。因为想比美，就是贪图享乐的开始。而有想穿漂亮衣服的需求，就会出现加工厂，有了厂家，商人就要来做买卖，老老实实种田的人就少了。没错，秦国也极力打压生意人。

　　你说，卫鞅没有认识到商品经济的重要性，如果搞个商业帝国，人民有钱了，然后锻造兵器、培训士兵，不就容易了？你想试试，卫鞅也不反对，但改革令里说了，做生意的人，给我重重地收税。最后你就会发现，辛辛苦苦东奔西走，赚的钱还不够交税的。假设你天生脑子好，经商水平直追陶朱公，多少税都交得起，还能带全家致富。恐怕也不行。卫鞅说了，一人从商，全家耻辱。如果你非要当商人，那算是抛家弃女，你的老婆孩子就得送到宫里当奴婢了。

　　除此之外，卫鞅还把搞科研的、搞学术研究的、搞礼乐的这些人都列为国家的蛀虫。因为他们都需要国家出钱培养，培养期间完全不能充当生产力。所以，这些人也不允许存在。

　　上帝关上一扇门，就会打开一扇窗。卫鞅也是这样，堵死了老百姓的所有常规出路，但给大家留了条向上的唯一通道——打仗立功。他设了二十个爵位，打仗的时候，你就像游戏里打怪升级一样，斩杀了敌人，按数量、敌人的地位能获得相应的爵位。爵位比钱还管用，可以跟国家换很多东西。但前提是，你的美好生活都来源于别人的脑袋。

　　卫鞅的这种疯狂模式倒是真把秦国百姓激励成了嗜血的人，战场上的敌人在他们眼里都不是完整的人，不过是托着自己军功的"框架子"。这就是后来战国人把秦国称为"虎狼之国"的原因。

假如你性情闲散仁慈，获得了一点儿功劳后就打算退隐江湖，就此躺平，可不可以呢？卫鞅说，反了天了！如果你到了战场，作战不勇敢，那么对不起，不仅你的爵位会被一把撸到底，你身边的人也要跟着遭罪。如果你是跟着某"班长"混的，你一个人偷懒，班上其他人都要跟着你倒霉。家里人就更逃不掉了，父母、兄弟、老婆，谁亲罚谁。

即使有这样的高压政策，卫鞅也不放心，又设置了一重保障法——监督举报制度，让每个人的眼睛都变成摄像头。卫鞅坚信，利益是驱动人民的第一动力。所以，他给举报设置了丰厚奖励。如果你举报成功，就跟砍到了敌人脑袋一样，可以进爵一等。你只想当个好人，不参加举报行吗？当然不行！某家人犯法，你作为邻居没有举报，你就等同犯了投降敌人的罪，等着被处以腰斩吧。

虽然这样的做法让人民都变得疯狂，但他又确确实实让秦国强大起来了。新法推行十年后，秦国人民非常高兴，家家富足，人们衣食不愁，丢在大路上的东西没人捡，回头去找还在原地。百姓把力气都使在战场上拼军功去了，不会因为私事打架斗殴，乡下城里的治安也都变好了。

因为这种全民激进的模式，秦国的动员力达到了所有君王羡慕的程度。对这个秦国的大功臣，秦孝公封了块"商"地给他。然后，他就变身成了商鞅。

不过，尽管改革很成功，但为了推行改革，商鞅算是把秦国贵族得罪光了。支持他的秦孝公一死，商鞅就被打成反贼，只能出逃。到宾馆投宿时，老板伸手要身份证，因为"商君法"说，住店不查身份证，经营的人就要连带受罚。商鞅就像被雷劈了——这是他亲自制定的律法，也成了他的索命符。

商鞅逃去魏国求收留，却被魏国人遣送回了秦国。他只好回到自己的商地，集结部下攻打北边的郑国，想先占块地盘立足，没想到秦军一路追杀到了郑国。最终，面对自己一手训练出的嗜血兵团，商鞅被杀。死后，秦惠文王还给他上了残酷的"车裂"。车裂，就是五马分尸的雅称。使用酷刑，当初也是商鞅强烈建议的。

有一个成语叫"作法自毙"，自己立的法，最后反而害死了自己，就是为商鞅发明的。

守法客栈

千羊之皮，不如一狐之腋；千人之诺诺，
不如一士之谔谔。武王谔谔以昌，殷纣墨墨以亡。

——《史记·商君列传》

译文 一千只羊的皮毛，比不上一只狐狸腋下的皮毛；一千个人唯唯诺诺地随声附和，比不上一个人的直言劝谏。周武王因为听得进直言而使国家兴盛起来，殷纣王整治得朝臣都不敢说话而遭到灭亡。

赏析 狐狸腋下的皮毛最为珍贵，所以说再多的羊皮毛也比不上。这是一个叫赵良的人劝商鞅放弃权力和封地，及时隐退以保全性命时说的话。他用这句话提醒商鞅要听得进别人的劝告，可惜商鞅并没有听从他的建议。

商鞅竟然是个环保主义者？

在商鞅制定的那么多律法里，其中有一条"刑弃灰于道者"，意思是，在路上丢了垃圾或灰尘的，就要受刑。受什么刑呢？《汉书·五行志》里说："秦连相坐之法，弃灰于道者黥。"黥，是一种在脸上刺字的刑罚。

如此看来，商鞅设置的法律里还有和环保相关的内容呢。不过，后来的韩非在《韩非子·内储说》里说，这是商朝就有的律法，而商人之所以设置这个，主要是怕乱丢灰尘会飞到别人的眼睛里，那么对方就会发怒，一怒就要打架，最终演变成几个家族互相残杀……所以，法律为了预防私斗，先提前禁止了。这也算是对商鞅之法的解释，原始意图跟环保没啥关系。

列传的四种类型

《史记》中的列传大致可以分为专传、合传、附传、类传四种。

专传也叫单传、分传，一篇主要只讲一个人，比如伍子胥、商鞅、苏秦、张仪的传记都是专传。

合传则写两个或多个人物，比如《管晏列传》写的是管仲和晏子，《孙子吴起列传》写了孙武、孙膑和吴起。哪些人适合安排在同一篇，司马迁也是经过精心设计的。《廉颇蔺（lìn）相如列传》讲了廉颇、蔺相如、赵奢、李牧，这些人都是赵国的文臣武将；《张丞相列传》中的四个主要人物都曾担任御史大夫一职。

附传是在主要人物事迹之后，连带记载相关次要人物的事迹，比如《魏其武安侯列传》中的灌夫传。

类传则把同一类人物放在一篇中，一篇中的人物可能来自不同的时代。比如《游侠列传》《循吏列传》《滑稽列传》《佞（nìng）幸列传》，分别集合了多个时代的侠客、好官、擅长讲笑话劝谏君主的艺人、靠谄媚君主获宠的小人中的典型代表。

赵武灵王

别笑，我就是巨人的肩膀

在前面的故事里，赵氏或赵国好像老被人欺负。确实，那时候还没有出现一个改变赵国命运的牛人——赵武灵王。战国有一个关键词，改革。赵武灵王就是这个通过改革把赵国变富变强的人。

按我记载历史的老规矩，为了让大家第一眼就能摸清主角的来历，开头都是一段简历式的内容，先说说他叫啥，再说说是哪里人士，是谁的好大儿，等等。赵武灵王当然不是他的名字，只是死后的谥号。他本名叫赵雍，他爹是赵国的上一任国君赵肃侯。没错，赵雍就是赵国第一个称王的人。

赵雍刚即位时还是个未成年人，国家大小事都交给了老师们处理，他自己则在挂机刷经验。他在位的第八年，发生了一件大事。除了一身反骨老早称王的楚国，周边那几个有点儿实力的国家，像韩、魏、燕、齐、秦五个国家，都表示自己要膨胀一点儿，以后不当猴（侯）了，要进化为猴王，跟周天子平起平坐。这些老伙计也象征性地来邀请了一下赵国。赵雍心里很慌，先表示感谢大家带他玩，但他啥业绩都没做出来，还不敢贸然行动，就拒绝了。

低调不是摆烂。赵雍知道这些邻居们没一个是好说话的，翻开地图看了看自己的处境。当时的国际局势是这样的：齐国跟秦国正在蜜月期，齐秦组合一出道就横行无忌；旁边打野几百年的燕国这些年也很上进；战国先富的老兄弟魏国也宝刀未老；插在赵国境内仍在打野的中山国，经常打劫赵国……赵雍忍不住抹了一把辛酸泪，真是太难了。

好在这年，国际舞台上又出了件大事，赵雍找到了出头的机会。

战国时期，诸子百家思想大爆发，其中有一派学说非常推崇上古的禅让制，到处演讲劝说国君们让位。燕国的老大燕王哙（kuài）被长期洗脑，竟真做了违背祖宗的决定，要把王位让给宰相子之。燕国人民都不太同意，燕太子也不肯接受这个噩耗。于是，整个燕国因为抢继承权打得血流成河。各国发现有搅乱平衡的机会，都想干涉一把，齐宣王更是屯兵在燕国边境，表示愿意支持太子搞事情。燕国人不喜欢子之，对父死子继的伦理更认可，于是纷纷对齐军敞开大门迎接。结果齐军翻脸无情，长驱直入，差点儿就灭了燕国。

燕国人民看清齐国的真面目，又开始厌恶原太子的"带路"行为，双方再次开撕。赵雍在旁边围观了很久，终于找准机会，把燕国放在韩国当人质的公子找来，护送他回国当燕王。燕国一团乱麻，赵雍轻轻松松就完成了江湖中失传已久的"存亡继绝"的大动作。

又过了几年，秦国也出事了。秦王荡疯狂作死，在洛阳举鼎砸了自己的脚，一命呜呼，秦国陷入无序状态。于是，赵雍故技重施，又把在燕国做人质的秦国公子偷偷送回了秦国，这就是历史上的秦昭襄王。

　　你算算，就这两次，燕国和秦国是不是都欠了赵雍天大的人情？即使将来国际上打起架来，他们多少也得留点儿今日的面子。

　　为赵国打下了好局面后，赵雍这才把自己计划了多年的愿望付诸实践。这愿望就是"胡服骑射"，给赵国的军队做服装改革。

　　春秋时期打架是车战，赶车的坐着，车上的人要么站着，要么坐着，对服装的便利性要求都不是那么高。后来，经过吴起等人的军事改革，战国时期开始以步兵为主。步兵作战的时候会排成各种阵型，队友之间互相帮助和保护，杀伤力很大。这已经算是解锁了战争新科技。然而，赵雍看得更远，还有更超出时代的打法——骑马打仗。

　　步兵虽然进步，但当大家都用上了，就约等于都没有进步。你的步兵和我的步兵对砍，这是一个层次的较量，如果改让人骑马去冲击步兵方阵外围没人保护的地方，岂不是一下就能冲散他们吗？

这种方法，赵雍是从隔壁胡人那儿学到的。胡人，是指生活在草原上的游牧民族。游牧民族擅长骑马，没事就到中原那些种粮食、生活稳定的地方抢一波，来去如风。赵雍仔细研究，发现他们骑马技术那么优秀，很大一个原因是，他们穿着裤子呢。

说到这里，我要给大家科普一下。中原人自古就号称是礼仪之邦，无论男女都穿裙子，裙子上还系一大套玉佩，走起路来仪态端庄，优雅极了。但裙子非常不方便骑马，毕竟骑马不仅是个技术活，还是个磨人的活——屁股和马背会不断摩擦，如果裙子里的内裤太薄，早磨破皮了。

赵雍看到胡人穿着裤子，上马跨腿，下马蹦跳，那叫一个自如，认定赵国是被服装限制了战斗力。于是，他打算把全国人民的衣服脱了，换上胡人的衣服。这可把大家震惊坏了，我们"含赵量"满满，赤胆忠心，为什么要换成洋装？

别说赵国人没转过弯。这不仅是服装问题，还是文化认同的问题。中原人的穿着，《周礼》里规定得清清楚楚，穿着一样衣服、梳着一样发型的才是一家人，是文化人。至于胡人，中原人对周边的少数民族一直存在全方位的歧视，认为他们野蛮落后，和禽兽为伍。所以，当年孔老夫子就说过一句名言："微管仲，吾其被（pī）发左衽（rèn）矣。"意思是，要是没管仲尊王攘夷，大家都要改成蛮族装扮了。尊王攘夷，也是齐桓公标在历史上的业绩呢。现在要大家主动放弃更优秀的，改成野蛮的样子，谁受得了？

赵雍坚定信念，努力说服了几个大贵族后，终于成功地在全国强推了换衣服的政策。这就是著名的"胡服骑射"。从此以后，赵国人民走路有劲了，上马打仗不嫌累了，一口气爬五座山也不觉得迈不开腿了。经过改革，赵雍一举消灭了横亘（gèn）在赵国境内多年的"钉子户"中山国，把赵国扩大了一倍。

胡人服饰，给你自由。

军事改革当然远不止一时的好处。后来的赵国能跟秦国掰手腕，也是这时候打下的基础。赵武灵王就像赵国一块巨大的奠基石，后来的人都是踩在他的身上发展。

当然，我最佩服赵武灵王的，还是他的非凡魄力。当大王虽然很荣耀，但人身自由就要被牺牲了，只能在家当宅男。赵雍显然闲不住，他有一个伟大的计划——打秦国。于是，他主动卸下王位，传给儿子，自称为"主父"，然后乔装打扮成赵国使者，亲自跑到了秦国王宫，探查秦国的地形和秦王为人。等赵雍在秦国闲逛完并潇洒回国，秦王这才回过神，觉得"那人好帅好有气质啊"，一打听，原来就是曾经的赵王，吓出一身冷汗。

想想这个英勇的姿态，就让我对他有点儿神往了。

不过，还记得我说过吗？"灵"是个难听的盖棺定论，怎么会出现在如此神武的赵雍身上呢？因为，武德方面赵雍是真的行，可后面在继承人上的混乱安排，竟然让他喜提了和齐桓公一样的结局——在儿子们的争位战中被饿死。赵国人实在不知道该怎么定位这位主子，就直接发明了两个字的谥号法，把"武"和"灵"这两个一褒一贬的评价用在了一个人身上。要不是他死得窝囊，我真想再为他吹五千字！

史记原典

疑事无功，疑行无名。

——《史记·赵世家》

译文 做事犹豫就不会成功，行动迟疑就不会成名。

赏析 这是臣子肥义对赵武灵王的劝谏。当时，赵武灵王想改革，国内反对的声音很大，武灵王也犹豫不决。肥义力挺大王，让眼光高于时代的赵武灵王不要跟那些看不懂他的凡夫俗子讨论，直接大胆行动就是。鼓励犹豫和不自信的人，就可以这么说。

史记小百科

谥号应该怎么看？

谥号是古时社会地位相对较高的人死后人们对他的评价，形式是用一个很具代表性的字来总结死者的一生。

谥号的字有好、中、差三等。比如，文、武、景是好谥，幽、灵、炀是恶谥，悼、怀、愍（mǐn）是平谥。这是周朝的原创，主要针对的是统治阶级。因为，统治者除了来自老天爷的压力，在人间几乎没有什么限制，周人为了自己的王朝能长长久久，就发明了这种"名声监督"的方法。这和史书记录是一个性质。如果一个人爱惜羽毛，活着的时候就会好好干，否则就会领到一个"差评"，在史书上留下的也是恶名和骂名，一丑就是成千上万年，甚至永远。

苏秦

对不起，我是一个卧底

　　写战国人物的时候，我经常忍不住对秦始皇"口吐芬芳"，因为他对各国史书的"一键删除"，让我对这个时代几乎两眼一抹黑。那我的资料从哪里来呢？所幸还有一些个人的记录和藏书。我得从各种材料里去整理，挑出一些能用的，再写到书里。比如说，战国大舞台上的一些风云人物，像苏秦、张仪这类人的故事，我都是从当时记录策士们的书里摘抄来的。

　　苏秦是个纵横家。这是战国时期非常热门的一个"职业"。所谓纵横，其实是当时大家针对国际局势研究出来的对策。拆开来看，纵是"合纵"，横是"连横"。我知道，这么说还是不够清晰，需要再名词解释。那么，是时候展现"我读书多，不会骗你"的技能了。

　　掌声有请《韩非子》暂时充当一下解说百科："纵者，合众弱以攻一强也。"意思是，联合那些弱小的国家，去对付一个超级强国。连横呢？"横者，事一强以攻众弱也。"这是跟"合纵"针锋相对的策略，就是帮一个强国，欺负所有弱小可怜又无助的小国。苏秦干的，主要是合纵。

问题来了，商鞅变法以后，秦国不是主角吗？苏秦为什么不选更强大的秦国站队呢？说起来都是泪，不是他不想，是秦国不要他。

苏秦是洛阳人，周朝首都的高级知识分子。早年间，苏秦家里很穷，他想靠知识改变命运，就搞了个自虐的学习方式——"锥刺股"来督促自己。学完之后，他就出山兜售知识去了。结果，首都的周天子不搭理他，小国也不理他，辛辛苦苦走到秦国咸阳，来得也不是时候。这会儿，秦国刚杀死商鞅，对靠嘴皮子忽悠的人也很反感。苏秦刚想说点儿"我觉得"的建议，秦王就以"我不要你觉得，我要我觉得"而严厉拒绝了。

这不是苏秦第一次求职失败，他要化尴尬为愤怒。既然在秦国碰了钉子，苏秦决定就此化身为一块绊脚石，顽强地长在秦国兼并各国的路上，专门跟秦国作对。真是百因必有果，你的报应就是我呀。

那么，苏秦去了哪里，谁是第一个赏识他的人？燕国的燕文公。

燕国其实也是个老牌国家，是周朝开国功臣召公奭的封国，首都就是你们这会儿的北京。在当年，那儿可有点儿蛮荒，周围都是骑着马呼啸来去的少数民族。所以，燕国历代领导都在艰苦地跟北边的狄人作斗争，根本没时间到中原走一走瞧一瞧，而主流国家也都不带他们玩，整个春秋时期出镜率非常低。直到历史发展到战国时期，各国的贪吃蛇游戏玩到了跟燕国接壤，燕国这才进入大众视野，加入了大乱斗模式。

苏秦在秦国吃瘪后，先是出关走到了赵国，但赵国当家的贵族对他那套不太感冒。于是，苏秦抬脚就往下一站燕国去了。这些年，各国改革活动风风火火，先是魏国带头，然后吴起在楚国变法，商鞅在秦国变法，就连隔壁弱小的韩国都有申不害在折腾，燕国人也急了。苏秦的到来对燕文公来说，那就是过河碰上摆渡的，正好。

燕文公给了苏秦展示演讲与口才的机会，苏秦一通演讲分析国际局势，中心思想就是秦国很强很可恶，大家要联合起来对抗它。自古以来都是谁提议谁干活，燕文公表示，只要你能说动大家，就让燕国听你指挥，指哪儿打哪儿。

苏秦收拾好行李，准备先去说服难啃的赵国。不得不说，时运有时候真的会眷顾一个人。前面拒绝苏秦的赵国贵族已经死了，当家做主的赵肃侯对苏秦并不反感。苏秦上来就是一通与燕国差不多的议论文，赵肃侯表示，我还年轻，见识少，你的主意很不错。我出钱，你就继续去忽悠吧。

赵国成功上桌，苏秦转身去了韩国。说法还是那套说法，只不过把主视角换成了韩国，好让韩宣王觉得他就是在为韩国着想。苏秦着重强调了秦国的可恶，说如果大家不合作，将来你们就要去给秦王端洗脚水。宣王顿时炸了，秦国什么档次，让我给它服务？连忙也申请加入合纵阵营。

接着，苏秦继续燃烧卡路里，又跑去了魏国、齐国和楚国，按老套路，以合纵为主课题，把三国忽悠上钩。六国自此组成合纵联盟，苏秦为盟主，一人兼任六国的临时国相。

想想苏秦身挂六国相印，脚下生风般奔走在荒烟蔓草的战后废墟之间，完全又是一幕战国爽剧。

不过，想合纵没那么容易。苏秦策动六国，秦国人慌了，忙启动反制措施。当时，靠耍嘴皮子吃饭的比比皆是，秦国也派出了几个批次的说客，分别跑到魏国和齐国去策反，让他们跟自己组队，好处多得很。魏、齐一听，强强联手好过弱者抱团，当即调转阵营。诚信在他们眼里连泥土草芥都不如。

　　不过，这也不能怪他们。列国纷争，不过是今天你最大，明天我很强。当时的人哪里知道，秦国竟然想把大家一口一口都吃掉呢？在他们眼里，或许世界就是在哥儿几个互相打来打去的模式里进行到天荒地老呢，自然也不会坚定不移地只"欺负"秦国。就连苏秦本人，他的合纵主张也不过是搅动一时局势，打破秦国独大的局面，并不一定有什么阻止秦国一统的远见。所以，读历史的我们，不必站在昊天上帝视角，用"后见之明"去嘲笑古人

的局限。这也是我写历史时想传达给大家的历史观。

言归正传。面对魏、齐的"渣国"行为，赵肃侯气哭，并拉这会儿正在赵国的苏秦出来挨骂。苏秦心说，我太难了！带不动，真的带不动。只好准备溜回燕国再做打算。

谁知道，燕国的领导人也正满腔怒火准备呲他呢。原来，这两年燕文公已经死了，新上台的是燕易王。不讲武德的齐国又趁着燕国办丧事发动强盗行为，一连抢走了燕国十座城。燕易王对苏秦可没什么知音感，大骂苏秦是骗子，拿了他爹的钱不办事。

人要是倒霉起来，走哪儿都被指着鼻子。苏秦只好保证，一定会让齐国付出代价。

苏秦启程去了齐国。此时燕易王的王后是秦国的公主，借着这层关系，苏秦忽悠齐王说，祸事来啦！齐国攻打燕国就是不给秦国面子，相当于一下得罪两个国家。没反应过来的齐宣王想了想，这苏秦人还怪好咧，真为自己着想，赶忙把地盘全还给了燕国。

立功归来，燕王总要选择原谅苏秦了吧？并没有。齐王没觉出啥，燕易王倒先怀疑起了苏秦的立场。而在燕国，苏秦还和太后关系暧昧，只好主动退群，跑到齐国避难去了。

其实，苏秦的一门心思还真是为了燕国。不仅因为跟太后的爱情，更因为当初他一文不值的时候，是燕文公给了他机会。所以，回到齐国的苏秦开启卧底之旅，用一张巧舌不断忽悠齐王，带偏齐国的路线方针。

然而，齐王虽然好忽悠，但齐国的官员不能忍受一个外来户被大王如此信任和重用，一个齐国大夫派人刺杀了苏秦。受了重伤的苏秦临死前对齐王说："等我死后，请车裂我的尸体游街示众，并说苏秦是燕国派来的奸细，在齐国阴谋作乱。这样就能抓到凶手了。"齐王按他说的去做。果然，凶手一看杀苏秦成了为齐国立功，自己就跳出来了，齐王便把凶手杀了。

在最后时刻还能设下计策为自己报仇，这个卧底真是不简单。

 史记原典

毛羽未成，不可以高飞；文理未明，不可以并兼。

——《史记·苏秦列传》

译文 鸟儿的羽毛没长丰满，就不可能飞得高；国家的大政方针还不明确，就做不到兼并天下。

史记小百科

古代官印有多重要？

中国的官僚系统发展非常成熟，古人很早就制作出代表身份的物件——官印和各种符节。

印，《说文解字》说："执政所持信也。"这是表明身份的信物。比如，在那个没有身份证、没有照片佐证的年代，苏秦走到某国想办事，只开口说"我是六国国相苏秦"，谁信？而有了相应的印，哪里有阻碍出示哪块证明，效率就高多了。

除了身份证明，印还具备法律效力。比如，皇帝要给天下发文件，就得给文件盖上国玺才能生效。辅佐皇帝的大小官员也大都有自己的印，就连养马的小吏都不例外。可以说，官印是中国古代权力集中的重要道具。

张仪
战国第一大忽悠

　　我读儒家经典《孟子》时，看到楚国有个叫景春的提了个问：
"公孙衍和张仪应该都算大丈夫吧？他们一怒，诸侯都瑟瑟发抖，
他们一安定消停下来，天下就太平了。"孟老夫子不太认可，还
说了一段划重点要背的句子："富贵不能淫，贫贱不能移，威武
不能屈"，说这样才是大丈夫。不同的人价值观不同，当然不能
因为这个评价就把张仪的才能一笔抹掉。

　　张仪也是个纵横家，他干的事业就是连横。前面说过连横的
意思是强强联合，那么，战国的连横只能由秦国主导。

　　翻开张仪的简历，他其实是个魏国人。魏国人才流失已经不
新鲜了，那么，张仪又为什么要去服务于秦国呢？

　　首先，战国是个整体，人才市场全面联网，大家伙儿并没有

什么国家概念，只要能实现自己的主张就行。这一点，和孔子周游列国引发的风气有关。其次，张仪一开始相中的不是秦国，而是跟秦国一样强的楚国。楚国是老牌大国了，这些年也一直在稳定输出，是个绩优股。可在楚国国相府，张仪竟然被诬陷偷东西，理由也奇葩到让人无力：谁穷谁偷东西，他最穷。楚国人把张仪好一通折磨，最后实在找不到证据才放人。

在楚国的从业经历只混到了一个苦大仇深，去哪里能为自己报仇呢？放眼天下，秦国强，楚国大，齐国富，胖的容易喘，富的想偷安，想报复楚国，只有去秦国了。在战国大舞台，选对了国家，就像选对了专业，入对了行。

此时秦国在位的是秦惠文王。两人相谈甚欢，白天聊完晚上还要聊，就此确定了信任模式。拿到大权的张仪，第一反应就是先找楚国报仇。当然，找楚国也是符合秦国利益的，毕竟楚国这个大块头，是苏秦合纵联盟的"合纵长"。

说要对付楚国，但办起来并没有那么容易，还得把楚国那些名义上的合作伙伴都踢掉。张仪先后用了很多手段，能劝的就劝，劝不动的就打，打不动的就撒币利诱，终于把联盟拆得差不多了。在战国，各国之间只有两种朋友，一种是表面朋友，另一种还是表面朋友。但表面朋友也有眼睛明亮的，比如，齐国就愣是不肯跟楚国分手。

两个人分手，有一个人说了就算，齐国不愿意，那不是还可以忽悠楚国吗？于是，张仪决定去找楚国讲讲道理。

战国纵横家的厉害之处就在这里，一个敢说，一个敢听，还都以为忽悠的人是为自己着想。张仪到楚国后，上来就忽悠楚王，请他们跟齐国绝交。因为，秦国发来了好友申请，并且诚意满满：把商於一带六百里地打包送给楚国，再让秦国公主给楚王当小老婆，两国世代通婚，永远是兄弟。

楚怀王还在掰着手指算辈分：娶了秦王女儿，那我不是女婿国吗？不过既然秦王说是兄弟国，正好不用自降一辈了。而且，不动一兵一卒就有六百多里地加入版图，傻子才拒绝。

楚国也有明白人，有位叫陈轸（zhěn）的大夫，在众多恭喜贺喜声里发出了不同的声音。他一针见血地指出，张仪这是要孤立楚国，六百里地是不可能顺利签收的。楚怀王不耐烦，当晚就派人写了封绝交信发给齐国，理由是，齐王太小气，做了那么久朋友也没送我们六百里地。然后派人跟张仪回去，准备签收领土。

奈何张仪本来就是铁了心骗人，无论你把快递盯得多紧，状态永远都是"运输中"。刚回秦国，张仪就从马车上故意摔了下来，据伤残鉴定报告说：张仪脚崴了，腿折了，腰杆子也挺不直了，只好请年假在家休息。使者每天去催，门卫都说张仪不便见客。

楚怀王急了，但还是非常有君子精神地往自己身上找原因，会不会是秦国人觉得我们跟齐国断得不够彻底？于是，楚怀王又一次派人去把齐王骂了一通。齐王气得直翻白眼。秦国驻齐国地下办事处得到消息后，第一时间伸出橄榄枝，要和齐国做朋友。齐王虽然看不上秦国，可局势不许他骄傲，不能失去了楚国又丢掉秦国，这样处境就危险了，只好宣布以后跟秦国玩。

就这样，张仪凭着一张嘴皮，破坏了合纵的第一步。随后，张仪原地"康复"并主动接见楚国使者："秦王赏了我六里地，这就签字画押交割给楚大王哈。"

使者一愣："我收到的指令是来接收商於六百里地，不是六里。"

张仪故作惊讶，用夸张的语气说："可不敢这么说，六百里地，

这是卖国呀，我的权力只可能答应给你们六里地，这是我的地盘，我做主。"

使者气得一口老血吐出来，回家跟老大哭诉，楚怀王气得比使者多吐了两口血，连夜拉黑了张仪，还扬言要组织军队去揍秦国。结果，楚国还没动手，委屈的齐国先出手了，而秦国作为新好友，自然要帮齐国出头。于是，齐秦手拉手直冲楚国，抢走了汉中和丹阳两块地。楚王不服，组织队伍申请再战一次，结果依然雷同。打不赢，那就投降吧，楚国又搭出去两座城池赔礼道歉。

投降就是讲和，秦国和楚国有了友好会谈的机会。秦王想把两国两块靠近的领土交换一下，可楚怀王既大方又格局小，说土地不用换，他可以白送，只要把张仪抓回去。如果让张仪落到楚怀王手里，死得横七竖八都算便宜他。但面对一大块领土的诱惑，秦惠文王老脸一红，把皮球踢给了张仪，问他怎么办。张仪一看就明白了，啥也不说了，去楚国走一趟吧。

刚到楚国，张仪就被送进了大牢。可聪明人哪会让自己真的陷入险境。张仪之所以敢来，是因为他在这里有人——楚国大夫靳（jìn）尚。准确地说，是有钱能使鬼推磨。经过靳尚的一通忽悠，楚怀王果然将张仪当场释放。

按理说，好不容易保住性命的张仪应该夹紧尾巴赶紧溜，免得楚怀王变卦。可出狱的张仪不仅没走，反而跑去求见怀王，表示还有话要说。江湖还是胆大者的江湖，张仪一通激情演讲，愣是又让楚怀王签了个秦楚友好合约。

接着，张仪又一鼓作气去了韩、齐、赵、燕四国，同样是那套利害关系分析，吓得各国被迫营业，纷纷和秦国组队。这就是纵横家厉害的地方。他们知识面广，涉及政治、地理、心理、社会关系等多领域多学科，每到一个国家，都能轻易切中要害，挑动各国的神经，让他们不得不接受自己的方案。

不过，张仪再厉害，他还是没能力再主动搅乱风云了，因为他的后台秦惠文王不合时宜地走了。忽悠各国这些年，对张仪恨得牙痒痒的人太多，无奈，张仪只好溜回老家魏国养老去了。

张仪一辈子最大的贡献都在秦国，最大的业绩就是弱化了超级大国楚国。本来，秦楚完全势均力敌，就算发生战争，那也是你打我一拳，我就能踢你一脚。可经过张仪的折腾，楚国失地无数，楚怀王更是客死他乡。战国局势也是"能量守恒"的，谁弱下去了，就一定会有人强起来，秦国就是这个受益者。夸张点儿说，张仪凭着一张嘴，就为秦国打下了半壁江山。

史记原典

积羽沉舟，群轻折轴，众口铄金，积毁销骨。

——《史记·张仪列传》

译文 羽毛虽然很轻，但聚集多了也能把船压沉；货物即使很轻，装多了也能把车轴压断；多张嘴一起说同一件事，就是金石也能熔化；很多人一起诋毁一个人，骨肉至亲也会失去信任。

赏析 这是比喻舆论的作用很大，可以混淆视听。即使一件不存在的事，传播的人多了，也会深入人心。孔子的弟子曾参就有类似的典故。说曾参外出学习，他老母亲一个人在家正织布，有人跑来说，你儿子杀人了。曾母不信。过了一会儿，又有人说曾参杀人，曾母还是不信，但已经有点儿犹豫。等第三个人来说时，曾母吓得扔下织布的梭子就跑了。连亲生母亲都可以被离间，可见人言的力量。

舌头还在不在？

张仪学成之后，想去战国舞台上一展身手，没想到第一站就在楚国受挫，被楚相命人打了几百鞭。他在楚国国相府被诬陷偷的东西，据说就是我们会在后面的故事中说到的和氏璧。

张仪无辜被揍，回到家后还被老婆冷嘲热讽："你就是读书读得太多了。如果没读书，不跑到外面到处游说，哪会受这种伤害性侮辱性都极强的皮肉之苦呢？"张仪却问老婆："你看看，我的舌头还在不在？"老婆笑着说："舌头倒是还在。"张仪说："只要舌头还在，就足够了。"

后来，张仪正是靠着三寸不烂之舌到处游说，纵横各国，成就了一番功业。

史记文学小课堂 — 人物刻画

写出同类型人物的个性差异

司马迁刻画人物非常细腻，《史记》中的人物既有普遍的共性，更有各自鲜明的个性，哪怕是同类型的人物，也能写出他们的差异性。

比如苏秦和张仪，他们属于同一类型的人物，在《史记》原作中，两人的传记也紧挨在一起。他们都是战国时期的纵横家，能言善辩，日常工作就是奔走于各国之间，游说国君采纳"合纵"或"连横"策略。在共性之外，我们还能看到，苏秦展示出的是一个励志奋发的形象，而张仪身上更多则是阴险狡诈。再比如西汉时期的张良和陈平，他俩都是刘邦的谋士，但张良身上多了些神秘气息，陈平则更富有人情味。

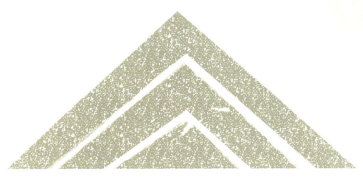

屈原

痛苦地清醒着

你近来是不是经常感觉到头好痒？那就对了，因为每天都在读我的书长脑子。

今天的主角是你的老朋友，屈平。你说不认识？咳，平是他的大名，和伍子胥一样，他以字行走江湖——原。这名和字连起来，就是一处辽阔的平原。

屈氏是楚国的老贵族了，楚王的后代。前面讲管仲的故事中，齐桓公跑去阻拦楚国北上中原时，楚国派出的交流使者首席代表就是屈家人——屈完，是屈原的祖宗。根据楚王世世代代和家人们共富贵的传统，出生在屈家，就是高官厚禄的命。屈原出道后，就是给楚怀王当左徒。

屈原没有辜负祖宗的传统技能，喜欢读书，记性又好，最擅

长的工作就是写外交文书。怀王对这个才华横溢的家人非常信任，在王宫内，屈原随时能和大王聊国家大事，然后顺便把制定法令的活也兼了。对外方面，他完全接手了祖宗屈完的工作，各诸侯国的国君、贵宾们到楚国做客，也由他接待和对答，相当于是个外交部发言人。

可以说，曾经有一段时间，怀王几乎把屈原当作知己，什么都听他的。正是因为有过这种全权信任，后面的疏离才让屈原那么痛心疾首。他们是怎么从这种信任走到决裂的呢？一开始的矛盾并不大，只是柠檬精上官大夫对这个挤不进的君臣关系有点儿妒忌，想办法给屈原找碴儿。

当时，怀王正任命屈原制定国家法令，屈原好不容易熬了多个通宵干完，上官大夫就想把草稿抢过来，冒充是自己所写。屈原当然不肯把自己的心血交给别人，上官心说我拿不走你的功，还毁不了吗？编了个谗言，说屈原心思不纯，想当"显眼包"，每当一条政令出台，他都对外自夸："也只有我才能写出这么精妙的东西！"

这就让怀王有小情绪了，第一反应也是跑来抢功劳：如果没有咱给你布置任务，你能干啥？咋的，还想成为整个楚国的代言人？楚怀王开始故意疏远屈原，让他当了专管贵族教育的三闾大夫。屈原很委屈，写下了楚辞最强篇《离骚》。

接下来，最主要的还是在国际关系中怎么站队的问题。

楚怀王时期的国际格局很明朗，秦国强、齐国富、楚国大，三晋们夹在中间经常当受气包。魏国是三晋里人才和想法最多的国家，一个叫公孙衍的纵横家提出合纵概念，力邀诸侯团结起来，一起围殴秦国。为了拉楚国加入，把"组长"的荣誉都交给了怀王。屈原对此是支持的，还作为外交官亲自去齐国出差，巩固盟友关系。

这时，公孙衍的毕生之敌张仪出场了。没错，接下来就是前面说的那场"六百里地秒变六里"的忽悠事件。怀王为了六百里地要跟齐国绝交，屈原尴尬极了，才在那边跟齐王说双方该怎么进一步升华友谊，怀王的绝交信就发了过去。屈原连忙极力劝阻老大的临时变卦，但此时，谁也压不住怀王对六百里地的渴望。等张仪耍无赖直接摊牌后，怀王气得脑充血，秦楚大打了一场，楚国惨败。怀王受骗又挨打，为了不至于被孤立，忙派屈原去齐国搞外交。屈原只好觍着脸，想把绝交的好友再次捡回来。

但很快，秦楚又在楚国嫁出去的宣太后的撮合下再次联姻。借着谈两国小辈的嫁娶事宜，双方的使者愉快地座谈。秦王趁机提出要跟楚国交换土地，怒气未消的怀王大手一挥，咬牙切齿地

说只要张仪不要地。可张仪到楚国后，怀王还是没拿他咋样。张仪靠着重金砸出的人脉关系逃过一劫。

此时，屈原刚从齐国交了朋友回来，听说秦楚又勾搭在一起，心态都崩了，这么反反复复把齐国删除加回，他以后还怎么有脸去出差呀？最主要的是，怀王竟然还没解决张仪，急得屈原当场质问："为啥不杀了张仪？"这时怀王也后悔放了张仪，赶紧派人去追，但是没追上。

还是借着联姻，秦王说想见见楚国家长，邀请怀王去秦国。屈原对秦国人的缺大德历史历历在目，对秦国没有丝毫信任，第一时间跳出来反对，说秦国是虎狼之国，万万不能去。但楚国也有站"秦楚"组合的人。怀王的小儿子子兰就认为，秦国这个朋友不能丢。于是，怀王启程去了秦国。谁料，这一去，秦国就表演了一套什么叫真正的无耻，把怀王关进了小黑屋，逼他割让土地。

自己发邀请，又把客人绑票，这新闻传出去是绝对炸裂的。毕竟，战国就算是个礼乐被践踏的时代，大家也还算是体面人，多少要点儿脸的呀，哪里知道世上还有这样完全不要形象的国家和君王。可厚脸皮的秦国思维方式已经变了，他们不怕引起国际

矛盾，也不怕被大家打上"虎狼""禽兽"之类的标签，反正有的是武力，谁要是不服，打一架就是了。

发现自己一再被骗的怀王阳刚了一回，拒绝了秦国，最终客死在异乡。怀王那位到处当人质的儿子顷襄王被拥立，并按传统模式，任命弟弟子兰为令尹。楚国人对此不太满意。虽然怀王在位时丢了很多领土，但他始终没为了保全自己主动"卖国"，大伙儿对他充满了同情。怀王死在国外，子兰要负很大的责任。曾把怀王当知己的屈原更深以为然，老在新王面前嘀咕，结果迎来的却是自己被流放的命运。

一心为国，国却排斥自己。屈原满脸无奈，经常在作品里表达忧愁，说怀王分不清忠奸，被小人欺骗等。子兰一听，这不明摆着冲自己来的吗？找到那位跟屈原有仇的上官大夫去找大王打小报告。顷襄王本来就不站"齐楚"联盟，便把屈原驱逐到了偏远的南方，你们这会儿的湖南湘江、沅（yuán）江一带。屈原终于心态崩了。

他站在江边，披头散发走在荒野的草丛间，一边走，一边悲

愤地吟唱诗句。在这里，他遇到了一个有学问的渔夫。两人产生了一段对话。

渔夫好奇三闾大夫怎么到了这个地步，屈原表示，是因为"举世混浊而我独清，众人皆醉而我独醒"。渔夫擅长保命哲学，提问："如果举世混浊，为啥不随波逐流呢？干吗把自己混成这样。"屈原不敢苟同："如果你刚洗了头，肯定要把帽子上的灰尘弹干净再戴；刚洗了澡，肯定要把衣服弄整洁再穿。谁愿意把清白之身玷（diàn）污？"

两人交谈过后，屈原写下了《怀沙》。赋文里写道："变白而为黑兮，倒上以为下。凤皇在笯（nú）兮，鸡雉翔舞。"把白说成黑啊，把上下颠倒过来。凤凰被关进了笼子啊，野鸡却任意飞舞。表达了他对黑白颠倒的世界的愤懑。

"任重载盛兮，陷滞而不济；怀瑾（jǐn）握瑜（yú）兮，穷不得余所示。"

他感慨自己就像是一辆负重前行的车，一心只想为楚国多拉快跑，现在却陷进泥沼里，寸步难行；他怀抱着珍宝手握着美玉，如今却已走到穷途末路，无从展示。

然后，他就抱着一块大石头，跳进了汨（mì）罗江中。

百来年后，我读着屈原的作品，深深地共情了他的心境。后来，当我到长沙，特意去了汨罗江畔他投江自沉的地方。站在江边，想象他高洁的品格，以及自杀时的心情，眼泪不自觉就流了下来。

战国是个允许人才流动的时代，无数人在祖国得不到重用，就去异国他乡发展，混得风生水起。那么，一个人要到多绝望的境地，才会不想活了呀？特别是，这是一个热爱国家、纯洁如玉的君子。我想，纵使一千年过去，人们也不会忘记他吧，一个用生命捍卫清白的人。

史记原典

离骚者，犹离忧也。夫天者，人之始也；父母者，人之本也。人穷则反本，故劳苦倦极，未尝不呼天也；疾痛惨怛（dá），未尝不呼父母也。

——《史记·屈原贾生列传》

译文 所谓"离骚"，就是遭遇忧患的意思。上天是人类的起始，父母是人的本源。当人们处于困顿时就希望能回到本源处，所以在劳苦疲倦到极点时没有不呼喊苍天的，在极度忧伤悲惨时没有不呼喊爹娘的。

像太阳月亮一样光耀千古

我们了解的屈原通常是他作为诗人的一面，在《史记》中，屈原则有着政治家和文学家的双重身份。

屈原是中国历史上第一位留下了姓名的诗人。他创立了"楚辞"这一风格独特的诗体形式，写下了《离骚》《九歌》《九章》《渔父（fù）》《怀沙》等大量楚辞代表作。司马迁对屈原的诗作和为人评价都极高。说他的《离骚》词语虽然简练但含义极其深广，所举的事例虽然近在眼前，但寄托的思想非常深远。屈原志趣高洁，所以喜欢在诗中说美好的鲜花香草；他行为廉正，所以到死也不为小人所容。他身处污泥浊水之中，却丝毫不沾染世俗的污垢，能出淤泥而不染。司马迁还总结说，屈原的这种思想气节，能与太阳月亮争辉。

乐毅、田单

打仗不光拼拳头，还要拼脑子

人类的智商，有时候真是能刷新高光时刻。比如齐国的田单，别人打仗是实打实地肉搏和血拼，他靠脑子就解决了一大半。田单的故事，还要从前面出过镜的乐毅说起。

翻开战国地图看看，齐国的北部和燕国的南部紧挨在一起，根据"邻居必有矛盾"定律，齐国就喜欢欺负燕国。比如前面说过的燕王哙让位那会儿，齐国就曾跑来"趁他病，要他命"。幸亏赵武灵王秘密送了人质回国，燕国才恢复稳定，送回来的这位就是燕昭王。

昭王虽然年纪不大，但很拎得清，一上台就默默许了个愿，有生之年一定要找齐国报仇。为啥是许愿，而不是立志？因为昭王也很清楚，现在的燕国根本不是齐国的对手，非得找到一个人才，为燕国改革改革再说。为此，燕昭王建了个叫"黄金台"的人才交流中心，许出高官厚禄、分房配车的待遇，专等有缘人。

战国大舞台最不缺的就是人才。正所谓东边不亮西边亮，人才在某一个国家不被重视，就会跑到另一个国家去找机会，所以市场上永远有流动的人才。于是，在赵国还没混出什么名堂的乐毅来到了燕国。

待遇谈妥后，燕昭王开始提出自己的要求——打齐国。乐毅心惊，上来就出这么难的题吗？只好给出可靠分析：齐国是个超级大国，想打他，以一个国家的力量肯定不够，还要找几个队友组队。乐毅提名了赵国、魏国和楚国。都喊三个了，何不把秦国大兄弟带上？燕昭王把秦国也纳入了可外交的范围。因为这会儿的齐湣（mǐn）王实在有点儿膨胀，竟然狂妄地想称帝。"帝"可是比"王"更尊贵的称号。这出头鸟不挨打谁挨打？

燕昭王派人分赴各国，乐毅亲自去撩赵国。一番操作下来，五国联盟迅速成立。燕昭王任命乐毅为上将军，赵国那边也相信乐毅是自己人，给了他国相大印，其他国家都属于参与方，懒得争功。于是，五国伐齐就由乐毅领队。

五国联军在济水的西边大败齐国，各国抢到了自己应得的，就都撤回国休息去了。只有乐毅不肯收兵，带着燕国军队继续追击，

一直打到了齐国的首都临淄城下。这会儿，齐湣王已经逃到一个叫莒城的地方，把辉煌的首都临淄丢给燕军祸害。

乐毅拿下临淄城后，把各种宝贝和齐国宗庙里祭祀的礼器一搜而空，运回燕国。燕昭王听到消息大喜，亲自跑到济水岸边去签收了这一车又一车的战利品，并给了乐毅一块封地，号昌国君。这是延续春秋的分封制，除了划一块地方交给王室成员收税和管理，对待有大功的外臣也会分封土地，这些地方的领主都称君。

乐毅已经完成阶级跃迁，成为有地一族，该回家享受快乐了吧？还不够，燕昭王让乐毅继续完成收购齐国的大业。于是，乐毅继续留在齐国巡回作战，一打就打了五年。这五年里，齐国的七十多座城都改了国籍，成了燕国的地盘。放眼整个齐国，只剩下莒城和即墨没有被拿下。莒城是齐湣王的临时政府所在地，即墨是田单的藏身地。

还没等乐毅去收拾莒地，当地就有个造反的将军先下手杀了齐湣王，齐国俨然有要亡国的趋势。关键时刻，待在即墨城的田单出手了。

田单本来也在首都，乐毅攻城略地鲸吞齐国时才逃到了即墨城。田单也是田齐的王族，虽然关系有点儿远。即墨当地人发现田单既有身份，逃命的时候又有手段，就突发"民主制"，推选他当了指挥官。这样一来，田单就得跟乐毅过招了。不过，田单有点儿忧（chù）这位猛将，不想跟他打，那就——赶走他。

这还得借助燕国的"助攻"。当乐毅正在建不世之功的时候，燕国那边更新换代了。燕昭王去世，儿子燕惠王上台。惠王对乐毅可没啥革命友谊，而且两人从前就相处得不大愉快。田单抓住这个重要信息，使了一招最流行的反间计。

第一步是散播流言，说燕军之所以前面势如破竹，现在跟剩下的两座城对峙，完全不是因为拿不下，而是乐毅有私心——他想自己取代齐国称王。第二步，说齐国人最怕的，是燕国人换一个将军过来收割。

这个逻辑……说实话，本来根本不成立。乐毅都差不多打下齐国全境了，齐国人能不怕他，而怕别人吗？可燕惠王这会儿满脑子都是乐毅要叛离组织自己当齐王，于是逻辑就很容易理顺了：乐毅想统治齐国，自然不会再搞破坏，而换一个想为自己立战功的将军，自然会努力发起猛攻。

就这样，田单一通操作，加上燕惠王的神助攻，乐毅真的被气跑，回赵国养老去了。

赶跑了乐毅，接下来几乎是田单一个人的舞台。他又一连出了好几个歪主意。比如对外宣传，他最怕燕国人把齐国俘虏割掉鼻子放在队伍最前面，这样，即墨人民就会丧失抵抗意志。燕国人很快照做，俘虏们一个个失去了鼻子。

为啥燕国人会被田单操控呢？因为燕军也觉得折磨齐国俘虏，可以恐吓和摧毁这座孤城最后的士气。士气倒了，就没人想守城了。可燕军没有想到，田单早就对齐国士兵和老百姓进行了洗脑式激励，在愤怒的情况下又看到被燕军俘虏后的惨状，城里人只有更坚定守城的信念。

田单见燕国人一个个只带了武器，没带大脑出门，就继续用这招，说最怕燕国人挖我们城外的祖坟，侮辱了祖先，我们只剩哀伤了……于是，燕军把缺德事又干了一遍。即墨城上的人一看，大家的共同信念不就是保护家人和祖先吗？一个个义愤填膺，要出去跟燕军拼了。

燕军没看到齐国人的愤怒，因为田单接下来又秘密派人联系燕军，说是要投降。于是，燕军放松警惕，沉浸在胜利的喜悦里。

　　准备工作已经够了，双方士兵的情绪也调动得差不多了，田单终于进入正题，打算开战。他在城里收集了一千多头牛，在牛角上绑上利刃，再把涂满油脂的芦苇绑在牛尾巴上，然后打开城门，点燃芦苇，屁股发烫的牛一个劲朝前猛冲。燕军只看见一片片火光呼啸而来，顿时慌作一团，只能狼狈逃走。

　　为什么前面所向无敌的燕军，现在这么不堪一击呢？首先，燕军已经出门在外五年了，军旅生涯都是很艰苦的，大家早已厌倦，不想打了。其次，虽然我没有亲历过战场，但可想而知，军中士气非常重要，一个士兵心态崩了，就会感染身边的人，一传十，十传百，整个军队很容易就松散崩溃。这就是所谓的"兵败如山倒"。

　　之后，疲惫的燕军一退再退，齐军则趁着东风越战越勇。在田单的带领下，齐国人一口气接着一口气地收复了那丢掉的七十多座城。齐国也终于迎来了新生。

兵以正合，以奇胜。善之者，出奇无穷。

——《史记·田单列传》

译文 打仗的时候，都是以士兵正面作战，而用奇兵或奇谋取胜。善于用兵的人，总是有无穷无尽的奇谋。

赏析 这是司马迁对田单的军事成就的点评，化用自《孙子兵法》里的："凡战者，以正合，以奇胜。故善出奇者，无穷如天地，不竭如江河。"成语"出奇制胜"就出自这里。

史记小百科

你知道吗？历史上还有"武庙十哲"

孔子被尊为文宣王，他的弟子们也被历代统治者尊崇，有"文庙十哲"和"七十二贤"的说法。其实，武功方面也有"十哲"和"七十二名将"的说法。

武庙列的都是历史上的名将，前面提到过的孙武、吴起，后面将会讲到的白起，本文的乐毅和田单，都在这个名单里。只不过，乐毅在"十哲"中，田单则在"名将"序列里。

孟尝君田文
有仇当场报

　　战国时代有一个跨国组合，叫"战国四君子"。嘿嘿，其实他们自己并不知道这个组合。而且，这里的君子，也不是特指人品，而是战国时的一种身份——封君，也就是有封地的贵族。我听说，有人也把他们叫"战国四公子"，这可能是个误传，我先卖个关子，一会儿再说。那么，今天我们就先来认识四君子里年龄最大的一位，孟尝君田文。

　　田文是齐威王的孙子，他爹田婴是齐宣王的弟弟。你看，严格来说，田文其实是公孙，根本不是公子。按理说，公孙的身份也该无比尊贵了。然而，田文拿到的又是逆袭爽文剧本，他小时候可一点儿都不尊贵，刚出生时就差点儿被弄死了。

　　大概是由于田齐建国时的优良传统，田家人都很能生，田婴一口气生了四十多个儿子，田文只是其中一个，还是最倒霉的一个。他出生在农历五月五日。战国那会儿流传着一个迷信的说法：五月是恶月，这个月出生的孩子长不高，成年后巅峰也就只能跟门一样高。这样看来，战国时候的门可能普遍挺矮。而且，这个月出生的孩子会克父母。如果说别人家的孩子是来讨债的，那五月的孩子就是来讨命的。所以，田文才呱呱坠地，他爹就对他的生命下了终结令。

但是，谁生的孩子谁心疼，对亲爹田婴来说，田文只是一个他连外貌都没看清的孩子，而对亲娘来说，那是自己十月怀胎的骨肉，怎么也舍不得一块布裹起来丢到野外。田妈妈偷偷把田文养了起来，不过，生活得却像个见不得人的私生子。

这样的生长环境，不用描述大家也能想象。用你们的话说，田文完全是在单亲家庭长大的，父爱不是缺席，而是完全退席了。在小田文追问"我爸爸是谁""爸爸去哪儿了"的时候，母亲只能沉默或编故事。

大概因为田文从小就展露了不凡的智慧，终于有一天，妈妈决定是时候让他在阳光下生活了——带着田文去见了亲爹。田婴得知这娃儿还在，第一反应是骂人，怪田妈妈没听自己的命令。见亲妈受委屈，小田文也不惯着，决定为自己辩白："请问您不让养五月出生的孩子是为什么？"田婴见这个矮儿子质问，就给出了长得跟门户一样高、对父母不利的理由。田文不紧不慢地又抛出一个选择疑问句："人的命运是由老天爷做主，还是由门户做主？"见父亲没接茬，田文继续说："如果是老天爷决定的，那您担心啥？人力反正无法改变。如果是由门户决定的，咱把门加高些，不就从根本上解决问题了？"言外之意就是这种说法经不起推敲，所以迷信根本不可信，克父克母完全是无稽之谈。

这逻辑倒是非常清晰，真不愧"浓缩的就是精华"。田婴被

儿子怼到词穷，只有拿出家长架子，对田文实施了"禁言"术。不过，他也接受了田文的存在。后来，田文就把这种"劝谏"的人设立住了，每次跟爹说话都是忠言逆耳的模式。

如果说，每一个父亲都是守旧派，那么，每一个儿子都是维新派。他们总是壮志满怀，指出老油条们习以为常的处事不公。田婴终于觉得，这儿子果然是个人才，于是低下了高贵的头颅，竟然把管家大权交给了他。从被下令扔掉，到打败那么多兄弟，当上爹最看重的孩子，后来又被立为继承人，是不是让人看了极度舒适呀。

田婴去世后，田文顺利继承了他爹的薛地，变成了超级巨富。成功男人高、富、帅三样标准，田文至少做到了富贵。一心想干一番事业的田文，并没有把钱拿去潇洒，而是把家里开成了人才馆，让有一技之长的人都可以来这里混饭吃。毕竟，一个人的脑子再聪明，也有知识盲区，那么多脑子一起集思广益，才能不办错事嘛。

这种方法在战国时很流行，叫养门客。所谓"门客"，意思是走进他家大门的客人。田文家像个磁场一样，很快就吸引来了三千人。远在西边的秦昭襄王听说后很震撼，拥有田文不等于瞬间拥有了三千多号人才吗？便忙向田文发出诚聘邀请。

你可能不太理解秦王的举动，田文自己就是齐国的贵族，有什么理由去秦国？其实，那时候的人没有多少"国籍"概念。而且，齐国这会儿也确实有点儿容不下他。田婴活着的时候，他家势力就很大了，这让齐湣王非常不爽。现在田文上来，他家更是号称"齐半国"。所以，田文还没答应，齐湣王就亲自把他快递给了秦国。

秦王见了田文，本想把国相的位子交给他，可手下人一通分析，硬说"齐国人不卖齐国人"，田文不会效忠秦国。秦王一听，倒是这么回事，就作罢了。把人请来遛一圈又不给地位，不是耍人吗？更可气的是，秦王决定，也不能让他回去。田文整个人都蒙了，秦国的江湖咋这么复杂？国相没当成，成了阶下囚，还可能随时被杀。好在，门客里有身手好的、擅长口技的，靠着装成狗的样子入室盗窃，学鸡叫骗开关门，帮他逃了出来。这件事后来还被造了个成语，叫"鸡鸣狗盗"。

搞了这么一出风波，齐湣王也感觉田文好像是挺有名，如果齐国不用他，他迟早还要走出国门去帮别人。所以，齐湣王赶紧把齐相的位子给了田文。

田文喜欢有仇马上报的快节奏。回国后，他就约了几个国家搞合纵，打到了秦国的函谷关，逼得秦国赶紧投降求和。

然而，看不惯的人这辈子都会看不惯的，还没合作多久，齐湣王又忍不了田文了，密谋把他干掉。在齐国，谁能有田文人脉广？消息很快就走漏到了他这儿，田文只好收拾铺盖去了魏国。以他这会儿的国际声威，以及身后那三千多私人文武团队，他就像明星一样，走到哪儿都会被人追捧。所以，魏昭王也把魏相的位子给了他。

现在最对不起自己的是齐国，于是，刚到魏国，田文又对祖国展开报复——答应跟乐毅一起，五国伐齐。想想当初，他也曾劝他爹不能太自私只顾自家，要努力让齐国富强。这颗初心，已然在齐国的政治斗争中磨没了。

田文是个很有能力的政治家，然而，他也算四君子里道德方面最有争议的一位。

富贵多士，贫贱寡友。

——《史记·孟尝君列传》

译文 人如果很有钱，一定有很多有地位、有才学的士人跟他做朋友；如果身份贫贱，那就不会有什么朋友了。

赏析 这算是一句警世格言。世上贪慕钱财和权势的人很多，这些人自然只愿意跟权贵交往。唐代张谓写了一首类似的诗揭露人心，开头就说："世人结交须黄金，黄金不多交不深。"听起来非常"负能量"。不过，如果换一个角度，这些话也可以用来激励人奋斗和上进。如果你不努力做个有出息的人，世事就会比较艰难。

五月为什么不受待见？

中国古人把五月称作"恶月"，认为这个月出生的人都不吉利。这很大一方面是因为，农历五月是一年中开始热起来的时段，酷热难耐，难免对五月产生不好的印象。同时，此时蛇虫鼠蚁蜈蚣等各种毒物纷纷出笼，活跃在人们的居住区，所以，五月也被称为"毒月"。另一方面，五月在历史上发生过一些不好的大事件，如屈原投江就在五月，所以，五月就被打上了这样不好的标签。

类似的迷信大多是人为编造的，比如慈禧属羊，就有"属羊的人命不好"的说法，其实都是无稽之谈。

平原君赵胜
捅了娄子怎么办？知错能改！

今天再来认识一位君子，平原君赵胜。他是赵国最强王者赵武灵王的儿子，因此，人们也称他为公子。

爹死的时候，赵胜年纪还小，他哥哥赵惠文王即位，就按老规矩，给了他一块叫"平原"的地方收税，所以人称平原君。

赵胜长大后，认为天下应该有免费的午餐，于是学习隔壁孟尝君，在府里开了大食堂招揽人才，一时间也来了三千人投靠。赵王的王位虽然是经过兄弟父子间一番苦斗争来的，但心眼还算宽，看弟弟这么得人心，觉得弟弟的人脉也是赵国的，干脆把相位也给他了。赵胜一跃成为有钱有权有人的赵国一哥，后来又与魏国公主联姻，成了四君子之一的信陵君的姐夫。

等赵惠文王一死，他儿子赵孝成王上台，赵胜也升了一级，从公子变成了王叔。从此，赵国基本由他说了算。从这一点看，他算是战国四君子里人生最一帆风顺的。只是，赵胜的眼光比其他几位要差一点儿，还因为贪心引火烧身，大大坑了赵国一把。

那是公元前 263 年左右，秦国看上了韩国上党郡，就发挥强盗风格发兵去抢。韩王心说怕了怕了，您要土地跟我开口呀，我亲自把地契给您送去！赶紧派人去秦国，哭着喊着要把上党献上。秦王表示，我这人一向宽宏大量，原谅了韩国，准备笑纳上党。

但交割的时候出岔子了。在前线挨打的上党郡太守冯亭以及当地老百姓都不太服气，韩国挨了打还要道歉，割了地还要说自己有罪，天下哪有这样的道理？他们作为亲眼见证过亲友死亡的人，对秦国那是恨之入骨，根本不想把国籍换成秦。太守一想，咱不如把矛盾扩大一下，把赵国拉下水吧，就派人去找赵国，说韩、赵是自古三晋一家亲，咱们上党要割也不是割给秦国，大伙儿都愿做赵国人。

人在家中坐，城从天上来，赵王听说平白能得上党十七座城，心花怒放，忙把大家找来分享喜悦。第一个被叫来的是叔叔平阳君赵豹。谁知道，赵豹头脑清醒，觉得天下不会无缘无故掉馅饼，指不定就是陷阱。赵王不乐意了，那怎么能叫无缘无故呢？上党人民觉得我这个王当得好，是诚心要当我的子民呀。赵豹又分析，说人家秦国打了那么久，我们来捡漏，秦国能答应吗？赵王心说我答应呀，把赵豹打发走了。

后面来的还是两位叔叔，平原君赵胜和赵禹。赵王把原话又说了一遍，并在说十七座城的时候故意加了重音。赵胜一听，当即拍大腿表示支持。平时发百万之兵打别国，也不见得能一口气占到十七座城，这么好的事别让它跑喽！国相开了口，于是，赵国准备上当。

　　还是谁主张谁干活，赵王派赵胜去签收上党。赵国非常客气，认为冯亭给赵国这么多地，愣是要给他封个官爵。冯亭心说，自己只想用上党把他们拉来上当，要是接受封赏，那真成叛国了，赶紧拒绝，连城也不肯交了。

　　赵胜急了，不让咱上当，咱创造机会也要上当，趁冯亭不注意，发兵收割了整个上党郡。现在轮到秦国满脸问号了，不是说好退兵给地吗？我们兵退了，地怎么也跑了？这说出去好听不好看呀。一查，原来是不识趣的赵国在瞎掺和，马上转移目标，打赵国。

　　就这样，秦、赵爆发了史上规模最大、结果最惨烈的长平之战。战争时间拉锯三年，双方都损失惨重，而其他五国纷纷进入看戏模式，准备坐捡装备。最后，先耐不住性子的赵国把老将廉颇换了下来，改用"纸上谈兵"的赵括。结果是，赵军惨败，留下了四十五万尸骨在长平战场。

　　这一战后，赵国元气大伤，秦国本来可以趁势一举拿下赵国，无奈国内发生了"将相不和"，相国范雎（jū）和将军白起有矛盾。与此同时，赵国也请求割地求和，秦国选择了接受。

　　上了当的赵国有样学样，又把地割给齐国，希望齐国去当冤大头，同时还和楚、魏眉来眼去，商量着合纵抗秦。秦国大怒，再次发兵二十万，围攻赵国都城邯郸。赵国面临灭顶之灾。

　　你可以骂赵胜目光短浅，不过，读历史还要进入当时，探寻人物的背景和动机。为什么赵王和赵相都急着接收上党呢？因为他们有业务考核指标。身为国家的最高领导人，他们肩负着光耀国家的任务，如果在自己工作期间扩大领土，为后代打下基础，那是无上荣耀的事。所以，即使清醒的臣子点出了问题所在，他们也容易忽视不利局面。或者说，他们不认为事情真的就会朝不利方向走，多少还是能赌一把的。

好在，赵胜是个敢于担当的人。把国家拉入火坑后，他开始积极补救，一面写信向魏国求救，一面组织门客去楚国求援。魏国那边有小舅子信陵君积极奔走，不需要太大张旗鼓，楚国则要好好派人去游说了。赵胜打算找二十个文武兼备的门客和自己同去，但只找到了十九个。

　　于是，"毛遂自荐"的名场面诞生。一个叫毛遂的门客跑过来大声喊道："带上我一个！"赵胜对他的能力充满怀疑，经过一番临时面试后，很勉强地带上了他。没想到，之后正是靠着毛遂连威逼带恐吓，才说服了楚王和赵国结盟。

　　后来，楚国派出四君子之一的春申君，没说动大哥魏王的信陵君也偷了兵符率大军前来，跟平原君里应外合，终于打跑了秦军。邯郸保卫战，这是战国四君子中的三个唯一一次同框合作，缺席的孟尝君不是不想来，而是来不了，他在十几年前就提前"杀青"了。

　　你看，一个君子就是这样，他并非没有瑕疵，而是有过能改。长平惨状和邯郸被围，都是赵胜捅出的娄子，可他没有甩手不管，而是积极奔走，使出浑身解数找帮手，终于善后。邯郸保住的七年后，也就是平原君大侄子赵孝成王的十五年（公元前 251 年），赵胜寿终正寝。等秦灭六国后，平原君后代也不失风骨，和赵国共存亡。

以三寸之舌，强于百万之师。

——《史记·平原君虞卿列传》

译文 用三寸长的舌头说的话，比人数多达百万的军队都强。

平原君养门客，竟然还是一个成语

大家来猜个成语，谜面是"平原门下客三千"。猜出来了吗？

平原君大名赵胜，他有三千门客，谜底就是"胜友如云"。当然，成语里的"胜"可不是指赵胜，而是优美、美好的意思。胜友如云，就是许多良友聚集在一起。这个成语出自王勃的千古名篇《滕王阁序》。

《史记》写赵胜的《平原君虞卿列传》中也出了很多成语，光是毛遂跟着赵胜去楚国游说楚王的故事就出了好几个成语：毛遂自荐、锥处囊中、脱颖而出、因人成事、一言九鼎、三寸之舌。

信陵君魏无忌

人间自有真君子

　　如果说在战国这个道德已经沦丧的时代还有什么人性光辉，那一定都体现在信陵君公子无忌身上。不装了，我就是信陵君的一枚小粉丝。让我用最崇敬的心情，带你认识一下这位近乎完美的魏公子。

　　来，镜头对准一个你们看不懂的棋盘。两位穿着华贵的男子正在对弈，年长的是魏王，年轻的是公子无忌。好一幅兄弟友爱的画面。正当两人聚精会神地对着棋盘，有侍从进来了，报告了一则让魏王瞳孔地震的消息：赵国人打过来了，已经进了魏国边界。魏王腾地站了起来，准备召集群臣开会。一旁的公子无忌轻轻按住哥哥的手，依然是悠然的神情："赵王不是入侵，是在打猎呢。"过了一会儿，第二则追踪消息来报，赵王不是入侵，而是在打猎。

这下魏王瞳孔余震不断，忙问弟弟是怎么知道的。公子无忌毫无保留，说他的门客中有人混进了赵国，可以全天候监控赵王的一举一动。

魏王有没有像当初的赵王对弟弟一样，发现大才，开始重用呢？并没有。这位哥哥有点儿小心眼，他的内心戏是：弟弟的手都能伸到赵国，自己的宫里还有隐私吗？于是决定对老弟实施消息封锁，以后再也不跟他讨论任何事，把他排除在政治圈外。

没有对比就没有伤害，有时候太优秀也是一种错。

闲下来的公子无忌很快就找到了新的娱乐方式——交朋友。他与组合里的其他三位一样，给人才开放了包吃包住福利，也聚集了三千多人。连我大汉开国功臣之一的赵王张耳，都曾经在他府上混饭吃。

公子求贤若渴，对人才从来不嫌多，只要听说谁有能耐，马上就会亲自去申请好友。这段时间，他又听说大梁城夷门的门卫大爷侯嬴是个隐居的能人，三番四次发出好友申请，但人家都没有太搭理他。如此高傲，看来有点儿本事，公子不但不恼火，还一而再地跑去城门口跟人聊天，说要请他吃饭。真诚是必杀技，侯大爷终于被感动，答应赴宴。

宴会当天，信陵君府早就宾客如云，而主人公子无忌竟然把客人们撂下，亲自开车出门了。车子走了一路，整个大梁城的人都纳闷了，堂堂魏王的亲弟弟，这是要给谁当司机呢？大家一路尾随，发现马车停在了夷门。公子空出左边的贵宾上座，又亲自下车去请站在门口的一个糟老头子。原来是他呀，侯大爷，平时古古怪怪的，不太跟人来往，他能有啥真本事呀？

不一会儿，让大家更不服气的来了。只见侯大爷一点儿不谦虚，一屁股落座在左上位，然后扯着嗓子说还要去看看朋友。所有人都觉得侯大爷虚荣，让公子开车带他满大梁兜风，这不明摆着"显眼包"吗？然而，公子完全没有生气，脸上始终带着微微笑意，双手拉着辔（pèi）绳开始赶车。随着一声扬鞭脆响，马车一路驶向最底层的屠宰场。

　　侯大爷下车去跟杀猪好友朱亥聊天，公子则静静地坐在车上等。过了好一会儿，侯大爷还是不肯走，一边跟朋友聊天，一边还朝公子的方位偷瞄。公子脸色倒没啥变化，可跟着来接的人都忍不住骂骂咧咧，这老头儿也太不识趣了。又等了好一会儿，侯大爷终于聊完天，上车跟着公子回府吃了顿饭。

虽然侯大爷是故意成全公子礼贤下士的好名声，但你也可以真实地看到公子无忌的品格。一位翩翩公子，为一个看门大爷在屠宰场双手执辔，这样的画面应该定格下来，让所有人都看看。

除了真诚，公子还有个"包解百困"的名声，只要有人找他求助，他基本都会满足，解别人的燃眉之急，像个灵验的许愿池。

魏王有个宠妃叫如姬。虽然生活条件不错，但如姬心里一直有件事难以释怀——她爹被人暗杀了。魏王很愿意为美人报仇解恨，但发动全国侦查队，三年也没找到如姬的杀父仇人。每天闷闷不乐的如姬想到江湖上都传公子无忌急人所急，有求必应，于是忐忑地去找他。公子二话不说，命门客明察暗访，不多久就把仇人的首级送了上去。"有困难，找公子无忌"，看来民间传的一点儿都不错。

公子总是这样，到处帮人，守护乱世的弱者和日渐衰落的正道。

后来，平原君招来邯郸之围，写信朝魏国求救。魏王本来已经准备救了，但秦国发出恐吓信，谁敢救，我打完了赵国就来收拾谁。魏王自然不愿意拿祖宗基业去豪赌，就让带着十万大军走到半道上的将军别前进了，先在边上看看。

这边救援不到，那边赵国可能分分钟被打下来，平原君只好不断写信骂小舅子。公子也很郁闷，他不是不想帮，邯郸城里还有他亲姐姐呢。只是无论他自己去说，还是门客们轮番上阵，魏王都表示"不听不听我不听"。

浑身解数都使尽了，正规军是指望不上了，公子不忍心看赵国被灭，竟做了一个义薄云天的举动——带着所有门客救赵。就算救不了，他也不要受良心的谴责。

关键时刻，曾被公子帮助过的人都出来了。先是侯大爷拦在路上出主意。侯大爷说，想要胜利只有一条路，拿到魏国兵权，调度大军去救赵。可调兵的兵符在魏王那儿，谁能拿得到呀？侯大爷说，这不有如姬吗？公子曾帮如姬报仇，如果公子去找如姬，让她帮忙偷出兵符，她一定会照做。如姬果然偷出了兵符。她早就想找机会报恩了。在这样一个人命如草芥的时代，义字竟然还能当道，不得不说，如姬也是真勇敢。

拿到兵符后，公子无忌成功救赵，但怕魏王追责，把兵符送回国后，自己留在了赵国，一住就是十年。

人生那么短，有几个十年可以浪费呀？

十年，虽然不会沧海桑田，却老了那个少年。

秦国听说魏国没了公子无忌，不断发兵戳魏国的脊梁骨。魏王无奈，只好派人去请公子回国。可是，被闲置十年的公子心里也有怨气，还在犹豫呢，就有门客来劝了："您在赵国能受重视，是因为母国还在，如果魏国没了，您……"话还没说完，公子狂奔出门，一边上车一边跟门客们喊："回家了！"思乡的情绪一起化进了清脆悠扬的马蹄声里。

兄弟见面，相拥而泣，所有的怨恨都在泪水里冰释了。魏王任命公子为上将军，公子无忌登高一呼，诸侯国听说后纷纷前来助战，五国军队声势浩荡，把秦国打回了老巢。一时间，公子的声威震动天下。战国后期，能打败秦军的将领已经不多了，可见公子的军事水平。所以，人们都争着给他献兵书，组合成了一本《魏公子兵法》。

有公子无忌在，很难占到便宜，秦国只好祭出撒手锏，离间魏王和公子这对关系本来就脆弱的组合。公子的上将军职位被魏王收回。好吧，公子知道这事也没什么解决办法，便开始推托不上朝，每天喝酒享乐，希望在醒醒睡睡间遗忘痛苦。四年后，他酒精中毒而死。从此，再没有什么力量可以阻挡秦国铁蹄了。十八年后，秦军灭魏。

那个时代过去了，可公子的魅力依然在流传。比如，我朝的太祖高皇帝刘邦就是其中一名小粉丝。建立汉朝后，高皇帝派了五户人家，世世代代为公子守墓。我当年遍游山河时，特地跑了一趟大梁，这里已成一片废墟，但我依然能在空气中闻到公子侠义的味道。

史记原典

夫人有德于公子，公子不可忘也；公子有德于人，愿公子忘之也。

——《史记·魏公子列传》

译文 别人帮助了公子，公子不能忘记；公子帮助了别人，希望公子把这事忘掉。

赏析 这是公子无忌的门客对他说的一句话。放到现在，这仍是人际相处的一句至理名言。人们在与别人打交道时，多多少少会有友好互助的时候。别人帮了你，如果你完全忘了，就会被嘲讽为"白眼狼"。而你帮了别人，如果时不时拿出来炫耀，在被帮人面前以恩人自居，那么最后你们必定会一拍两散。所以，施恩者和接受方都要调整心态，不给别人添麻烦。

史记小百科

兵符使用说明书

前面说过官印，兵符其实也是类似的性质，只不过它的使用场合完全在战争中。古时交通不便，君王想调度军队，必须用上信物，这个信物就是兵符。兵符通常做成老虎的形状，所以又叫虎符。虎符被对半切开，君王手里一个，率军在外的将军手里一个。如果临时有什么新任务，君王就会派人带着另一半虎符去找将军。将军要核验虎符是否能合上，合上才会执行君王的命令。

虎符的具体样式和尺寸都是一个国家的最高机密。所以，公子无忌想调动魏国待在半路上的军队，就必须偷出能跟将军手里虎符合上的另一半，自己临时刻的话，对不上，根本不顶用。后来，为了避讳唐朝皇帝的祖宗李虎，虎符被改叫鱼符。

春申君黄歇

始于智勇，终于贪婪

　　有人说，楚国的春申君黄歇和其他三位君子不同，他并不是楚国王族。因为，楚王姓芈，黄歇姓黄。其实这个问题我强调过很多次，春秋战国时的男人，都把氏冠在大名前，黄歇的黄，只是他的氏而已。楚国王室成员的氏很多，经常是封到哪里就以哪里为氏。比如，你们都知道的那位"好龙"的叶公，他也是楚国王族，受封叶地，才被叫叶公的。当时就是这样，同一个氏不能百分百断定是一家人，不同的氏反而有可能是同族。

　　黄歇和叶公情况差不多。黄本来是一个独立国家，后来被楚国吞并。按楚国一直以来重视王室成员的路数，黄歇或者他祖上某个人被派到黄地，从此他们就都变成了黄某某，并非黄国的亡国遗民。

　　黄歇从小就是个"卷王"，先是跟楚国最有学问的老先生学习，然后又公费跑去国际上最有名的文化大国齐国留学。学成归来，就该为祖国做贡献了。

当时，秦楚这对频繁联姻的国家关系闹得很僵，在复仇者张仪的主导下，秦王多年来致力于坑楚国。先是楚怀王被坑得客死他乡，他儿子楚顷襄王即位，秦王也没收手，急得顷襄王快哭了。终于，他想到了肚子里有料的黄歇。

黄歇对纵横术烂熟于心，他给秦昭襄王写了篇长达一千多字的小作文，中心思想汇成一个大问号：秦楚这样的超级大国拼国力，其他五国在旁边看，你觉得最后的结果会怎样？

战国七雄磕磕碰碰几百年，生存之道就是各自掌握平衡规律，时不时组个团结盟，不让一家独大。这是各国心知肚明的事。黄歇的长篇大论一面回顾历史教训，一面摆地理位置的优劣，故意渲染秦国的弱势，以及诸侯列国蠢蠢欲动占便宜的想法，秦昭襄王也难免慌了。

事实上，列国到底会怎么做，选择跟谁交朋友，都是未知数。但纵横家的话术就是这样，把你往最差的方向带，激起你的忧患意识，最终让你被牵着鼻子走。秦王也被忽悠得连忙叫停了攻楚计划，双方签了和平条约。

这是黄歇第一次在国际上崭露头角，他果然没浪费楚国的公派学费。当然，这次忽悠秦国之所以能轻易成功，还得感谢秦国现任国相范雎。黄歇为楚国开脱的时候说，近的才是敌人，远的应该是朋友，正好和范雎"远交近攻"的战略方针不谋而合。

为了把秦楚联盟坐实，楚王派太子去秦国当人质，又把黄歇送去当保镖，一待就是好几年。有一天，探子回报说楚王病了，不过，楚国并没有派人来接太子回国。黄歇闭着眼睛想也知道，一定是国内的其他公子王孙正在背后搞小动作。为了不让自己保护多年的太子成为弃子，黄歇找到范雎，摆事实讲道理，论证亲近秦国的太子回国对秦楚联盟的好处。范雎也认为有道理，忙奏明秦王。

秦王慢条斯理，先派人去楚国探病情。一边是火烧眉毛，一边是隔岸观火，双方位置不同，办事速度完全不在一个频率。秦王这边还在像树懒一样慢悠悠，可面对目前信息处于中断状态的楚国，黄歇他们实在不敢等。黄歇做了一个大胆的决定，让太子化装成马夫先走，自己留在国宾馆断后，推说太子病了，不能见客。几天后，估摸着太子已经走远，秦国派人也追不上了，黄歇才去向秦王"自首"。

身为版图上最牛国家的王，竟然有人在自己眼皮子底下玩大变活人，秦王大怒，扬言要杀了黄歇泄愤。还是范雎出来解围，用的还是那套逻辑：黄歇为楚太子忙前忙后这么多年，两人有着

坚实的革命友谊，一旦太子当上楚王，黄歇绝对就是楚国二把手，而他在秦国多年，是"亲秦派"，放他们回去，不是对秦国更有利吗？于是黄歇也终于结束了人质生涯。

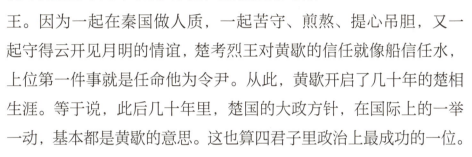

黄歇回国三个月后，楚顷襄王终于完成使命见祖宗去了，太子即位，这就是楚考烈王。因为一起在秦国做人质，一起苦守、煎熬、提心吊胆，又一起守得云开见月明的情谊，楚考烈王对黄歇的信任就像船信任水，上位第一件事就是任命他为令尹。从此，黄歇开启了几十年的楚相生涯。等于说，此后几十年里，楚国的大政方针，在国际上的一举一动，基本都是黄歇的意思。这也算四君子里政治上最成功的一位。

为了奖励黄歇，楚王又大手一挥，划了淮河以北十二个县给他，作为他的收税地，封他为春申君。自此，黄歇也在府里开了免费食堂，招养门客。和那两位一样，楚国也有三千多人来投奔。有了门客，黄歇在楚国，甚至国际上都有了耳目，相当于是在战国江湖装上了视频监控，做事也得心应手多了。

在黄歇的带领下，不当大哥好多年的楚国多次在国际上露脸，声威噌噌往上涨，俨然有恢复当年霸主风采的趋势。这种顺风顺水的日子，直到一个人的出现而开始滑坡。

此人名叫吕不韦，是个商人兼政治投机客。他一番运作，把秦始皇的爹庄襄王扶上了王位，然后开始疯狂找六国的晦气。六国都被揍得鼻青脸肿，纷纷起来组成复仇者联盟。大家找到了这些年战斗力还不错的楚国，请楚国当联盟的大哥。楚王欣然同意，派黄歇总揽联合国大军。诸侯大军浩浩荡荡开到秦国函谷关外，一边叫骂一边嘻嘻哈哈。秦国人见还有人敢打到家门口，当即组织军事反击，冲出函谷关，把联军打得大败。

其实这很难把黑锅全扔给黄歇。冷兵器作战，第一要义就是团结，目标一致。而当时诸侯国各怀心思，黄歇也从没带过这么大的队伍，实在没什么经验。所以，这次合纵看起来是来了百八十万大军，实则完全是一盘散沙。秦军只要主攻一支队伍，其他各国必定不会去救，而是吓得一哄而散。不过，楚考烈王还是得为失败找个背锅侠，于是开始冷暴力黄歇。黄歇想急流勇退，在门客的劝说下跑到封地，开始整理自己的地盘，最后和考烈王在同一年去世。

关于黄歇的死，我听到一个离谱的版本，说楚王得了不孕不育的病，黄歇比楚王本人还着急，到处找年轻女子进献，希望大王能留下后代。但后来，在奸人的挑唆下，黄歇竟然把自己怀了孕的小妾送进宫，想让自己的儿子当楚王。小妾一家成功蒙骗过关后，又怕知情的黄歇告密，干脆把他杀了。

如果事情真是这样，我就太惊讶和惋惜了。春申君当年智斗秦王，帮太子脱身，是多么聪明睿智，潇洒不羁。他将生死置之度外，怎么会做那么不上台面的小人勾当，又疏忽到被小人杀死呢？不过，你瞧这一出偷梁换柱，是不是有点儿像吕不韦、秦始皇的故事？我把它写下来，供你们自己思考哈。

当断不断，反受其乱。

——《史记·春申君列传》

译文 应该决断的时候不决断，就会反过来受到祸患。

赏析 这是古代流传已久的一个俗语，比春申君的时代还早，提醒人们在遇到危险的时刻，一定要有决断，不能犹犹豫豫。

史记小百科

上海的简称"申"是为了纪念春申君

春申君黄歇的封地一共有十二个县，涉及范围很广，大范围上属于当年的吴地。在他因为合纵失败，退回封地休整和开拓的时候，给当地做了不少开发工作。比如，刚刚从水下冒出成为陆地不久的上海，就是在这一时期有了建制。

后来的人为了纪念这位老祖宗，在上海地名中取了不少跟他相关的名称，比如申江、黄埔。而上海除了"沪"之外的另一个简称"申"，也是春申君的申。

史记文学·小课堂 — 人物刻画

用对比烘托描写人物

司马迁善于通过对比和烘托手法来描写人物。比如在《魏公子列传》开篇的下棋故事中，魏王的平庸无能和魏公子无忌的胸有成竹、从容大度形成一种鲜明的对比。《廉颇蔺相如列传》中，廉颇的冲动鲁莽和蔺相如的宽宏大度也形成对比。《刺客列传》中，秦舞阳的临阵怯场则烘托出荆轲的处变不惊。

除了同篇中的人物对比，不同的篇目之间也存在对比。比如以养门客而闻名的战国四君子各自单独立传，这四篇紧挨在一起，阅读时也能发现四人在道德品质和精神境界上的高下。

范雎
进退自如才是政治高手

　　整个战国时期，秦国的历史最好写。原因前面说了，秦国针对性地对六国资料一键删除，唯独保留了自己的光辉历史。

　　纵观秦国崛起之路，真是江山代有才人出。更关键的是，这些才人还基本都不是本国的。比如，前文的商鞅、张仪，以及今天这篇的主角范雎，他们不是魏国人，就是在魏国混过的。如果再把范围扩大点儿，吴起、孙膑，也都曾想在魏国干一番事业，可最终他们都被赶跑。这么看，魏国也算专业为列国输送核心技术人才两百年了。那么，魏国的人才流失率为啥这么高？原因很简单，魏国的改革不彻底，贵族占了朝堂坑位，其他人才很难发展。

　　作为魏国人，范雎一开始的志向是为本国工作，可是他家里穷，没有见魏王的机会，只能先找了个大夫级别的人须贾当领导。

有一次，须贾作为外交使者去齐国出差，范雎也跟在身边。齐国是个非常重视学者的地方，国家出资创办了战国名校"稷下学宫"，所以，齐王很喜欢跟肚子里有料的人交朋友。听说范雎口才好，齐王上来就给他一个大礼包，有酒有肉有黄金。范雎打开吓了一跳，心说这哪儿是礼包，分明是礼炮，要我命的呀！赶紧谢绝了。果然，这事很快就被领导须贾知道了，须贾就怒了。

开动你的脑子思考一下，须贾为什么会生气？作为领导，带着手下出差，手下反倒受赏，所以他成了个嫉妒的柠檬精？非也，须贾倒没有这么狭隘。但他脑补了一场大戏，认为范雎跟齐王一定有什么见不得人的交易，比如出卖魏国情报换钱……这么一想，爱国的须贾忍不了，回国后就报告给了王子兼国相魏齐。魏齐作为魏国的收税一族，怒火比须贾更旺，找人把范雎打了一顿，连肋骨和牙齿都打断了。

没地儿说理的范雎只好装死，被丢到了厕所里。相府里畅饮的宾客喝多了去厕所，还故意滋他一身尿，范雎忍了下来。等没

　　人的时候，意志力超强的范雎对看守许了一堆空头支票，看守便跟领导汇报说要把死人丢了，范雎这才逃了出去，改名张禄。

　　有个叫郑安平的人可怜范雎，帮他藏身。请记住这个名字，后面要考的。恰好秦国人王稽来魏国出差，他的主要目的就是来魏国"进货"，问魏国有没有贤人。郑安平把范雎推荐给了他，王稽就带上范雎回秦国，推荐给了秦王。

　　前面说过，范雎的搭档是秦昭襄王。秦王对那些耍嘴皮子的没啥好脸色，把范雎闲置了一年多。范雎很郁闷，得想点儿出人头地的办法了。这一年多，范雎积极打听秦国的情况，发现了一个人人都知道的关键信息。

　　秦国表面上是昭襄王当家，实际上是他娘宣太后说了算。太后当国，重用的都是自家亲戚，所以秦国的高位几乎被宣太后的关系户占满了。她弟弟穰（ráng）侯魏冉、华阳君辛戎，以及"出轨"义渠王生的两个儿子泾阳君和高陵君，被秦国人称为"四贵"。

这会儿的"贵"，可不只是身份地位高，他们还有实际的封地，占了秦国很大一部分税收，昭襄王当然不太开心。而且，魏冉虽然看起来在东征西讨，给秦国打了不少土地，实际上他的作战方向都是自己封地周围，完全是在给自己搭建势力。

找到突破口，范雎给秦王写了封信，终于得到召见。来到宫殿，范雎夸张地表演了一番目中无人，横冲直撞地往里走。一旁的宦官警告说大王来了，不得无礼，这就引出了范雎要说的台词："啥，秦国有秦王吗？我只知道有太后和四贵呀。"昭襄王顿觉遇到了知音，赶紧把身边人撤走，跟范雎进入了私聊环节。

结果，两人见了好一会儿，秦王已经按老规矩开场白了好几次，范雎都只是哼哼唧唧，就是不肯出谋划策。秦王继续问，范雎终于开口说："你还没给我官位呢，我咋敢说话。"言外之意就是，

我是人才，你得用我，我才能给你出主意啊。秦王表示这不是问题，范雎这才滔滔不绝说起来。正说得起劲，抬起头一看，门外竟然还有不少人在偷听，范雎赶紧停了嘴。他心想，这肯定是太后的人，那就暂时不说太后的危害，先说说她弟魏冉。

范雎先分析了一通国际局势，再把秦国这些年东征西讨的范围进行了总结，告诉秦王，魏冉根本不是在为秦国做贡献。在魏冉的带领下，虽然秦国一直在打仗，但都是东一榔头西一棒子，除了给他自己上安全保障，根本没啥战略总计划。见秦王不断点头表示认同，范雎趁势提出了一个新的方针：远交近攻。远一点儿的国家根本不挨边，可以先当朋友处，把身边的都收拾了再说。

这个方案显然有范雎自己的小心思在里面，因为，他要找离得近的魏国报仇。秦王当然不知道他心里的小九九，当即拍板了这个一点点吃掉六国的总战略。好在，这战略和国家大政方针并不矛盾。之后，范雎又帮昭襄王除掉了四贵，成功解决了秦国内部矛盾，两人的革命友谊再次升华。后来，昭襄王知道了范雎的身世，甚至主动替他报仇，满世界通缉魏齐，逼得魏齐只能以自杀了结当年的跨国冤案。

范雎在秦国最大的功绩，要数著名的长平之战。当时，秦赵两国拉锯三年，都拼上了老本，不断送青少年上战场血拼和苦熬。最终是靠了范雎的反间计，让赵国换下老将廉颇，把赵括推上去，这才定了乾坤。

按范雎如此出彩的业绩表，他本来应该高枕无忧地享受秦国贵族生活，但麻烦找上了门。当初把他带到秦国，他又反过来推荐的郑安平、王稽，要么战败逃回了魏国，要么违反了秦国律法。按商鞅之法，谁犯了罪，连举荐的人都要受牵连。虽然秦王没扩大牵扯范围，但范雎心里已经隐隐慌了。最后，在一个叫蔡泽的人的劝说和恐吓下，范雎决定急流勇退，过上了吃吃喝喝的退休生活。他可以算是秦国外来户里难得善终的。

我记得韩非子说过，袖子长的一定擅长跳舞，真是诚不我欺。范雎就是这样长袖善舞的人。

史记原典

> 欲而不知足，失其所以欲；有而不知止，失其所以有。
>
> ——《史记·范雎蔡泽列传》

译文 欲望很重而不知道满足，就会失去想要得到的；已经拥有却不知休止，就会失去现在拥有的。

先秦和秦汉时期的"金"，并不都指黄金

史书里经常会有君王赏赐给臣子多少金的记载，有时候金的数量多到夸张，动不动就是"赐黄金百镒（yì）"，更夸张的还有"赐金千镒"。镒是当时的重量单位，一镒等于多少？有二十两和二十四两两种说法。如果按这样算，一百镒黄金至少就是两百斤了。

不过，史书里说的金、黄金，是不是真正的黄金，学术界还有一些争议。有人认为，当时的金只是黄铜或者其他金属。也有人认为，汉代贵族墓里经常有各种金疙瘩出土，比如著名的海昏侯墓出土了金饼、金板、马蹄金等，那么，黄金毫无疑问就是指纯正的黄金了。

蔺相如、廉颇

名场面来了

战国时期，各国能保持互相伤害，而不是某一国单方面地大杀四方，很大一部分原因是，列国都有自己的能人和名将。同时，这些人还能相处和谐，合作默契，不乱搞内讧（hòng）。

赵国有位名将叫廉颇，让他一战成名的是打败了称霸一时的齐国，自此，赵王把他当成"国柱子"，封了大官。跟廉颇差不多时期冒头的是一个叫蔺相如的人，他出身低微，最开始在管理太监的宦者令手底下混。蔺相如人很聪明，看事情眼光长远，救过领导一次，宦者令很愿意提拔他。

当时，赵国跟楚国搞了一次政治联姻。楚国人很大方，竟然把大名鼎鼎的和氏璧送去当了陪嫁品。列国互相通婚是常规模式，互相送礼也很正常，但楚国的大宝贝到了赵国的事，可馋哭了隔壁的秦王，他也早瞄上这宝贝了。于是，赵惠文王突然收到了秦昭襄王发来的一条求购信息，说愿意以十五座城换和氏璧。

秦国这套路你熟不熟？想当年，张仪为了坑楚国，六百里地直接"打骨折"变成六里，这事大家伙儿可记着呢。赵王也不傻，虽然十五座城很有诱惑力，但他知道秦王一贯喜欢耍赖，自然不想上当。可要是完全无视秦国，人家的大军可能就杀来了。得找个人去跟秦王好好聊聊。

蔺相如就是此时被推荐出来的。出发前，蔺相如立誓保证：城池来了，我就给璧，城池没交割，和氏璧一定会完好地回到赵国。

在强大的秦国面前，蔺相如有什么能耐完成诺言呢？话不多说，让我们"亲临"现场看看。

蔺相如带着和氏璧一到，秦王赶紧接见，笑纳了宝璧。秦王嘴都咧到了腮帮子，抱着宝玉左看看右摸摸，还传给身边的老婆们看，好像这已经是他的东西，可以自由欣赏了。蔺相如一瞧，照这架势，秦王根本就没有"投币"换璧的打算。

那么，宝贝已经到了秦王手，蔺相如有什么办法拿回来？小板凳搬好，学习一下蔺相如高超的小套路。

正当秦王以为奸计得逞时，蔺相如慢慢靠近宝玉说："其实这宝贝没那么完美，上面还有块瑕疵呢，我来指给大王看。"秦王哪里能想到还有人敢在他面前玩心机，转手就把和氏璧交给了蔺相如。拿到宝贝后，蔺相如战术性后退了好几步，直到身体靠在一旁的柱子上，神色激动，头发都竖起来了。秦王瞧这架势不对，但也来不及抢回来，只能看蔺相如表演。蔺相如随即开始忽悠："这和氏璧多宝贝呀！当初赵王准备把它送到秦国，先好好洗了个澡，又五天没吃肉，把身体里的脏物都清理干净了，才郑重地派我来献宝。秦王如果想接纳这份大礼，那你也得洗澡。否则，我就抱璧撞柱子，一起毁灭吧！"

　　蔺相如当然不是非要管人家秦王爱不爱卫生，而是拖延之计。秦王心说这要求也不算苛刻，那就照办吧。还当场让人拿出地图，随手指了指割给赵国的地方。蔺相如深知秦王是千年的狐狸，根本不能信，在秦王洗澡搓泥的时候，他已经派人把和氏璧秘密送回国去了。

　　秦王连搓了五天澡，又郑重地举行了仪式，再请蔺相如献宝。结果，蔺相如一改常态，开始指名道姓骂秦王的历代祖宗，说他们自从秦穆公那会儿，到后来的二十几代领导人，都是不要脸的

货色，信用分负数，根本不可信。

　　好家伙，人家骂人骂十八代祖宗，蔺相如比别人还多数了几代。秦王气得龇牙咧嘴，脸黑成了锅底灰，只能问蔺相如到底想干啥。蔺相如表示，以城换璧不能是货到付款，也不是一手交钱一手交货，而要秦国的城到了，他们再送货上门。毕竟，以秦国的强大，他们守诺，其他人就不会违约。

　　秦国人见蔺相如敢这么戏弄秦王，想把他拉下去杀了。关键时刻还是秦王终于要了回脸，他知道自己的原计划就是骗人，所以也不能算赵国人违约，如果现在再杀人，脸丢完了，气度还要再减分，实在不值。于是，不仅完璧归赵，蔺相如也完好地回了赵国。

　　不过，秦国向来不会吃哑巴亏，外交场合上吃的瘪，他们要在战场上讨回来。接下来两年，秦国摁着赵国打，抢了城市又杀人。一顿暴力输出以后，秦王还派人约赵王去一个叫渑（miǎn）池的

地方见面，说是要和好。

以秦王的信用值，赵王当然不想去。当年楚怀王不就是去了秦国，然后被关起来，最后死在了秦国吗？赵国人商量来商量去，又觉得不能不去。于是，赵王只好诚邀胆子大的蔺相如陪自己走一趟。

说了这么久，廉颇都被忘记了。这一次，他也露了个面，护送赵王到边界，还提了个后来的人看起来非常炸裂的要求："我算了路程，如果大王不能按期回来，我就打算立太子为王了哈。"赵王听了什么心情？估计和楚怀王当时听到楚国已经立了新王一样的心情。但正是楚怀王的教训让赵王知道，如果赵国人立了新王，秦国人想靠绑架他拿捏赵国的小算盘就拨不响。所以，他只能心情复杂地点了点头。

接下来就到了外交史上的名场面——"渑池之会"。会上，秦王一直想羞辱赵王，一会儿要他弹一种叫瑟的古老乐器，还命令史官记下来，"某年某月某日，赵王为秦王鼓瑟"，一会儿要赵王拿出十五座城池来给秦王祝寿。幸亏有机智的蔺相如在身边，完美化解了秦王的招数，使赵国免于受辱。

当赵王无奈弹瑟后，蔺相如就强烈要求秦王也要放开嗨起来，击缶（fǒu）互相娱乐一下。秦王不肯，蔺相如当即起立，跑到秦

欢迎大王为我们演奏一首《好日子》，来宾请掌声鼓励鼓励！

王身边来了一套血腥威胁："大王，你看看我离你这么近，有没有压迫感？五步之内，就要见血了哟。"吓得昭襄王赶紧不情不愿地击打了一下缶。蔺相如也让赵国的史官记下来："某年某月某日，秦王为赵王击缶。"当秦王索要十五座城贺寿，蔺相如更过分，要秦王把他们首都咸阳送给赵王贺寿。

这一通勇敢的针锋相对，秦王竟然也没脾气了。他不是不能暴力解决，而是也想为秦国维护一下所剩不多的道德。总不能秦国每找人约见一次，就把人家的王关起来一次吧。最后，赵王和蔺相如终于成功地全身而退。

回国后，赵王简直要变成蔺相如的迷弟。放眼天下，谁还能有蔺相如这么大胆，敢多次怒目圆睁，声称要血溅秦王呀。于是，赵王又给蔺相如升官，这一次，甚至在廉颇之上了。这就让廉颇不乐意了。在他心里，赵王能回来，完全是因为他把大军带在边境上对峙呀，难道真靠蔺相如的嘴皮子？天真！何况，他一直以来都在为赵国打仗，怎么连个出身低贱的人都能爬到自己上头？太耻辱了！于是，廉颇发了个誓，以后见到蔺相如一定要羞辱他。

蔺相如听说后并没有计较，廉颇不是说见面就侮辱吗？那就不见呗。只要有廉颇的地方，蔺相如一定躲得远远的。这样一来，蔺相如手底下的人受不了了，纷纷责怪主人怎么这么胆小。蔺相如也不生气，只是心平气和地摆事实讲道理，问手下人："秦王和廉颇哪个狠？"手下回复："这还有疑问吗？当然是秦王。"蔺相如马上说："对呀，秦王我都敢骂，我会怕廉将军吗？你品，你细品。"手下人一头雾水，那会是因为什么？

蔺相如这才说出理由。秦王很生气的时候，赵国还能保持和平，都是因为他和廉颇将军一文一武支撑着赵国。如果他们内斗起来，那就是赵国朝堂的大地震，也给了外人可乘之机。

　　原来如此，蔺相如格局竟然这么大。廉颇听说后，顿时感觉受教育了，涨红了脸，脱光膀子，背上荆条就去给蔺相如请罪。这就是"负荆请罪"和"将相和"的故事。

　　悄悄说一句，以上关于廉颇和蔺相如的几个小故事，以后你们都会学到。它们经常还是各种大小考试中的出题热点。

史记原典

吾所以为此者，以先国家之急而后私仇也。

——《史记·廉颇蔺相如列传》

译文 我之所以这样做，是先考虑国家，再谈个人的恩仇。

赏析 蔺相如公私分明，先公后私，把国家利益放在个人荣辱之上的举动，后来成了官员们的榜样。这句话也劝诫世人，遇到事情要有大局观，不能因为私人的小事毁了大局。

和氏璧的故事

在完璧归赵的故事中，把秦王馋哭了的和氏璧，最开始竟然是块被人嫌弃的石头，献玉人甚至因此而致残。这个故事最早记录在《韩非子》里。

一个叫卞和的人，在楚国山上得到一块没雕刻的璞（pú）玉，他很有觉悟地把玉送给楚王。楚王派国家级鉴宝专家看，结果专家走了眼，说这就是块普通石头。楚王大怒，把卞和的一只脚给砍了。等这届楚王去世，新王即位，不死心的卞和又去献玉，鉴宝专家还说是石头，新王把卞和的另一只脚也给砍了。过了段时间，楚国又换领导人了，走不了路的卞和在山下大哭，楚王派人一问，原来是苦于宝玉没人认识。这届新楚王比前面两位有耐心，让人把璞玉拿去雕琢，真的打磨出了一块好玉。于是，楚王给了卞和冠名权，给玉取名"和氏璧"。

愤怒得头发直竖

司马迁擅长用丰富多样的修辞手法来刻画人物、描写场景、烘托气氛。

比如夸张就是一种非常有表现力的修辞手法。在鸿门宴中，刘邦手下的将领樊哙听说刘邦有危险，于是闯进帐中，睁大了眼睛瞪着项羽，"头发上指，目眦（zì）尽裂"，因为太过愤怒，头发一根根都竖了起来，眼睛瞪得把眼角都撕裂了。本篇中蔺相如带着和氏璧出使秦国，看出秦王并不是真心想用城池换和氏璧，于是从秦王手中骗回璧玉，挨着柱子站着，"怒发上冲冠"，头发直竖，把帽子都快顶掉了。虽然人们愤怒时头发并不会直立起来，但这种夸张的说法是不是相当生动，非常有画面感？后来还有了一个形容极度愤怒的成语——怒发冲冠。

赵奢、赵括
虎父无犬子——吗？

赵奢，光看这个名字就能知道他的出身。能用国名当氏，祖上应该跟赵国王室关系很亲近，不过，到他这一辈已经落魄了。所以，赵奢刚出场的配置，只是一个收田税的小官。

有一次，赵奢收税收到了平原君家。平原君府的人仗着权势不肯交税，赵奢完全不怕得罪赵国权势最大的贵公子，摆出律法，杀了平原君府九个管事的。平原君大怒，他的逻辑是，打狗还要看主人，杀了我的人，自然就是羞辱我，打算杀了赵奢报复。赵奢不慌不忙，反问平原君："公子是赵国的贵公子，竟然带头违法，法如果都不能推行，国家一定会弱，国家弱了诸侯就会来打，你还有这富贵可以享受吗？"

话音一落，平原君就闹了个大红脸。平原君这人就是这样，

他出名并不是因为脑子有多聪明、做人有多道德，他的亮点是知错能改。被醍醐（tí hú）灌顶后，平原君领略到赵奢是个人才，主动当伯乐，把他推荐给了哥哥赵王。赵惠文王就给赵奢提了一级，还是管理赋税，但这次是管整个国家的。经过赵奢的辛勤工作，赵国的国库几年内就很有钱了。

　　赵奢不仅是个经济专家，还能转型带兵打仗。当时，秦国攻打韩国，作为老三晋，曾经相亲相爱的一家人，韩国赶紧向隔壁赵国求救。赵王把老将廉颇找来问，能救吗？廉颇是个稳扎稳打的保守派，认为那地方太险，不好救。赵王没有因为一个老将的否定就彻底下判断，又问另一个将军，结果看法也和廉颇一样。赵王不气馁（něi），继续咨询人气直线上升的新星赵奢。谁料，从没亲临战场的赵奢竟然夸下海口，说这种地理条件虽然很险，

但勇敢的人一定能得胜。

你行你上，赵王把赵奢送上了战场。这当然不是赵王胆大，完全是因为赵奢平时就表露出了军事才能。

赵奢初次出师，有什么好办法吗？他采用的策略只有一点，麻痹对手。他下令全军不许对自己提意见，违者处死，塑造出一副刚愎（bì）自用、不听人劝的傻子形象。秦国人也没太拿赵国当回事，不管不顾地去攻打一个叫武安的地方。赵奢这边果然有人忍不住了，忙劝他去救武安。前面不是强调过，谁也不能对他的行军安排哗哗叽叽吗？赵奢心说，只好借你的人头一用了。杀完人，赵奢就命令全军躲在自己的军营里，二十八天都没动窝，还派人修建壁垒，做出一副只敢龟缩在这里的假象。

秦军派人来交涉，顺便打探军情，赵奢更是好吃好喝地招待一番再送回。假象传回秦国的同时，赵奢突然行动起来，带着人狂奔两天一夜，赶到了前线，并让擅长射箭的骑兵在距离秦军五十里的地方扎营。此时，又有一个不怕死的人跑来出主意，要赵奢一定要占据北面的高山头，这样就可以俯冲秦军。赵奢前面的禁令本来就只是装样子，当然不会再杀人，就听从意见，派一万人占了北山。秦军也想去抢，结果占据有利地势的赵奢指挥士兵猛攻，秦军被打散，纷纷溃逃。赵奢就这样解了齐国对韩国的包围。

赵惠文王大喜，心说自己这时代真是人才辈出啊，当场就给了赵奢一块封地，让他也成了"坐地收税"的人，人称马服君。不过，还没享受几年，赵奢就去世了。

四年后，时间来到了出镜率很高的长平之战。这会儿赵奢已死，蔺相如也因为重病被封印在床上，跟秦国对战的是老将廉颇。廉颇还是老路数，主打一个稳字，坚持不出去跟秦国打，不管秦国人怎么挑衅（xìn）。

可这路数通常只能熬敌人的士气，如果熬上三年，秦赵都撑不住。当时，秦赵都陷入了拼国力的死磕上，不断向长平增兵，两国都出到了几十万人的规模。这种规模下，后勤的压力非常大。主战场上有几十万人，那么后勤跟着做饭的、运输粮食的、管理马匹的等等，至少比真正的军人多一倍。把全国那么多人投放在一个战场上三年，国家还要不要生产和劳动啦？所以，秦国先出手了。老套路，上离间计，说秦国人最怕的是马服君赵奢的儿子赵括。

老子英雄儿好汉，虎父无犬子，这是历来的经验。赵国的新君孝成王对此十分认可。更关键的是，他们赵国也不想再熬了，不如打一仗来个痛快，就真的派赵括取代了廉颇。哪怕蔺相如垂死病中惊坐起坚决反对，赵王都没听。

作为名将赵奢的儿子，赵括不是个少不更事的公子哥儿，他从小就爱读兵书，各种计谋烂熟于心，甚至连老父亲赵奢都难不倒他。生吞了那么多兵法以后，赵括自认为天下的良谋妙计都在自己肚子里，没人能打得过他了。

不过，他的老母亲不这样认为。因为当初赵奢难不倒赵括时，赵奢并没有为儿子点赞。赵妈妈问丈夫为什么不鼓励鼓励聪明的儿子。赵奢表示，行军打仗，那是个死亡密集的地方。战场形势瞬息万变，要亲自到战场实践，才能做出正确的判断。儿子把这些事说得这么简单，明显是个死读书的。说完，赵奢还预言，如果赵国以后用赵括当将军，那他一定会败得很惨。赵妈妈对丈夫的话深信不疑。所以，当赵王真的打算用赵括时，赵妈妈第一个站出来反对。

尽管赵妈妈又复述了一遍亡夫说过的理由，但赵王也实在是有些病急乱投医，完全不听"知子莫若父母"的古训。事已至此，良言难劝该死的鬼，赵妈妈也只好撇清关系，请赵王到时候不要牵连自己。

现在，赵括真的登场了。到达长平后，赵括迅速把廉颇制定的规矩都改了。如果他是一个有真才实干的人，这样的做法当然会让军队焕然一新，可事实正如赵奢预料的那样，他并没有随机应变的能力。所以，秦国那边的名将白起听说赵国换将后，轻轻松松运用了一套小兵法——假装失败逃走，再把赵军跟粮食部队隔离，赵括就没办法了。

四十多天后，赵军的粮食吃完了，大家饥肠辘辘，士气低落到了临界点。赵括怎么办呢？他再也顾不上兵法上那些弯弯绕绕的点子，而是决定打直球，带上精兵去跟秦军决一死战。最后的结果也毫无疑问，赵括被射死，赵军大败，几十万人投降后，被白起全部坑杀。坑杀是什么意思呢？不全是活埋，有些是被杀后再埋进去。

我统计过一个大概的数据，这三年在长平的持续战争里，赵国一共死了

四十五万人。

　　不过话说回来，赵括虽然没有那么大本事，但好歹没有临阵投降，而是死战，算是保住了军人的血性。而他的老母亲，也因为事先就打过招呼，并没有受到责罚。

史记原典

知死必勇，非死者难也，处死者难。

——《史记·廉颇蔺相如列传》

译文 知道即将死亡而不害怕，必定很有勇气，死不是难事，而是面对死亡很难。

史记小百科

赵括纸上谈兵了吗？

　　赵括在长平惨败后，有人造了一个成语：纸上谈兵。意思是，只知道空谈理论，没有实战能力。这本来只是一个比喻，但架不住有较真的人。有人质疑，赵括能纸上谈兵吗？

　　举世皆知，纸是中国人发明的。根据考古资料，西汉初年就已经有了用于书写的纸，但这离赵括生活的时代还有一定距离，所以赵括不可能"纸"上谈兵。当然，有一种可能是，这个故事虽然是赵括的，但这个成语是后世已经用纸书写的人们创造出来的。

　　目前中国发现的最早的纸是西汉的，如果以后出现新的考古发现显示战国就有了纸，那么，赵括纸上谈兵就真的能成立了。

白起
杀神的反思

　　我们司马家的族谱里，最远能查到的一个明确的祖先，是秦国将军司马错。说起来，我也算是秦国后人了。按理说，有这层身份，我在看七国混战这段历史时，应该很容易把自己代入秦人的视角去看问题。然而，这真的有点儿难。

　　秦国确实武德充沛，也完成了统一大业。可看着他们的征服史，我可以打赌，任何一个尊重生命的人都会有不适感，很难盲目去崇拜和迷信这样的成功。因为，那是无数尸骸堆起来的。

　　在秦国统一过程中，军事领域立下首功的，无疑是秦昭襄王时期的武将白起。他还有一个外号，叫杀神。这样一个自带恐怖氛围的外号，取得一点儿不冤枉，让我把他的业绩列一下，相信你也会有毛骨悚然的感觉。

在我能查到的资料里，白起像是一个打仗机器，没有喜好，没有其他生平故事，他一出场，就是昭襄王十三年（公元前294年）率军去攻打韩国的新城。韩国匆忙跟老家人魏国联军，于是就有了第二年白起在洛阳南边的伊阙（què）一下斩首了二十四万韩、魏士兵。二十四万，这数字有多庞大，我就不类比了。而之所以非要砍脑袋这么残酷，咱们在商鞅篇说过了，这是秦军记功劳的方式，用人头数换取相应的爵位和奖金。

打完这仗，因为魏国曾出兵救援韩国，哪怕他们已经挨了打受了教训，第二年，秦国还是派出报复的军队，攻取了魏国大小六十一座城市。这期间又是数都数不清的人头滚滚。第三年，白起又和我的祖先司马错并肩作战，继续攻打魏国。每一次几乎都是一次"人口清除"活动。五年后，这种活动转向了三晋中的赵国，七年后又转向了楚国，直到打下楚国的首都郢（yǐng）城，又在夷陵城放了把火才回去。

这一打，二十多年过去了，无数生命灰飞烟灭。这自然不能完全怪白起，战国时代，没有一个国家是完全无辜的，打来打去就是大家的日常。可商鞅创造的用脑袋计功法，加上白起这样一个没有感情的机器，亡魂更多。

昭襄王三十四年（公元前273年），白起又率军攻打魏国。意识到危机的韩赵魏三家合体，还是没能反抗成功。这次的战果是，秦军砍了十三万人的脑袋。那边赵国人也没好日子，一共有两万人被沉到河里淹死。又过了九年，白起攻打韩国位于山西曲沃的陉（xíng）城，斩首五万人。一场战争，战败方以万为单位的牺牲已经很可怕了，而这大概还是白起杀人最少的一次。

又过了两年，时间来到了最可怕的年份，也是我《太史公书》战国篇里出了又出的场面——长平之战。

这场战争一开始时的秦国主帅并不是白起，秦国相国范雎用反间计让赵国换下廉颇，由赵奢的儿子赵括顶上，秦国这才祭出他们的王牌白起。赵括积极冒进战死后，赵国士兵没了抵抗意志，大概有四十万人主动投降秦国。作为主帅，白起可以代表秦王接受投降。但接受之后，他想起韩国人宁死不当秦国人的前科，怕这四十万赵人放着也不安全，竟然当场下令把他们集体送去轮回通道，只有两百多个年龄太小的士兵被放回赵国。而这几十万人被杀的方式，有的是刀剑伺候，有的是活活推到坑里掩埋。

当我看到这里时，不仅瞳孔地震，手里的笔都惊掉了。这么庞大的队伍，被杀的过程要持续多久？每个秦兵平均要分配到多少个杀人名额？然后在别人绝望的眼神里，重复着杀戮的机械动作。光想象这些，我就不寒而栗。而这一切，仅仅是因为白起一个怀疑的念头。

虽然江湖传言，战国是个节操碎了一地、道德底线被不断破坏的时代，但不杀投降的士兵是自古以来的传统。如果双方激战时互相攻打，有伤有亡，那是后果自负，我们除了强调战争带来的巨大破坏，宣扬反战，也没法谴责太多。可战事停了，放下兵器的士兵已经没了抵抗意志，还被赶尽杀绝，实在是底线的又一次下沉。

这些士兵大多数是普通百姓，他们只想安稳活一生，对战争

既厌倦又恐惧，只是因为国家
征调，迫于无奈才上了前线而已。
特别是，秦赵拼家底的时候，不断征集
新军，不少士兵都只是十五六岁的孩子。想
想我的这个年纪，还在跟着老师们学习儒家经
典，对未来充满期待呢。这一坑，埋了多少人
的多少可能性？

当然了，这是别人的悲哀，获胜的秦国不需要
考虑这些，等待白起的也只有业绩刷到天花板的荣耀。然而，
白起的荣耀太高，自然就给范雎送去了压力。而挨了打的赵国见
军事不行，也换上外交路线，派名嘴苏秦的兄弟苏代前去找范雎
忽悠，说白起就要踩到他头上了。为了保住秦国一哥的身份，范
雎决定出手了。

前面说过，昭襄王把范雎当灵魂知己，范雎说啥他信啥。所以，
当范雎私聊说白起坏话，秦王两只耳朵都听进去了。甭管白起在战
场上有多大能耐，打得敌人真正的"摸不着头脑"，一旦没有刀光
剑影的政治斗争开始，他不仅束手无策，还稍微有点儿智商欠费。

长平之战后，秦国决定继续围攻赵国的首都邯郸，给他们来个一窝端。白起不知道秦王对自己已经有情绪了，只是根据经验判断，接下来不好打，所以无论是范雎出马，还是秦王亲自来请，他愣是不肯继续带兵。秦王无奈，只能派别人去打。结果，被逼急了的平原君到处找帮手，魏国的信陵君和楚国的春申君果断出兵相救，把秦国打得大败。

打了败仗，秦王已经很没面子了，而收到消息的白起还炫耀起了自己的神预判："看，我早说了不行吧，不听我的话就这下场！"

秦王恨得咬牙切齿，转念一想，咱是秦国的王，没必要默默在背后恨呀，完全可以有仇当场报。于是，秦王把白起的所有官位和爵位一撸到底，贬成了普通士兵，赶出咸阳城。白起还没走远，又收到了一把赐剑。看过伍子胥的故事你就知道，这是明示他自己结果自己了。

白起先是不理解地反问老天：

"我什么地方得罪了老天，竟然得到这个下场？"过了很久，他悟了："我当然应该不得善终。长平之战，我靠欺诈坑杀了赵国几十万人，这样的罪孽，当然应该死。"

你可能怀疑，我司马迁怎么知道白起临死前说了啥，莫非是躲在车底下听到的？嘿嘿，这其实算是我的演绎。

我不否认，白起确实是一位震古烁今的军事天才。但我时常想，这样一个人，至少是熟读了兵书的。他难道就只是一个形象干瘪的杀人机器，没有一点儿对人的平视心理，以及把人当人看的人之常情吗？

任何一个人，都不会只是一个无情的刽子手。你有的情绪，别人都会有。人同此心，心同此理，这甚至不需要花多少脑细胞去哲思，只要偶尔转念随便一反思，就能感受和体会。因此我想，白起也是有反思的。于是，在他人生结局时，我为他设计了这样一段幡然醒悟的剧情，也算是为这样一个将星补充了一点儿血肉。

史记原典

尺有所短，寸有所长。

——《史记·白起王翦列传》

译文 由于运用的场合不同，一尺虽然比较长，但有时也显得短；一寸虽然比较短，但有时也显得长。

赏析 这句话是比喻任何事物都有自己的短处和长处。司马迁用这句谚语来评价白起，他虽然在战场上所向无敌，能巧妙地算计别人，挖好各种陷阱等敌人跳，但当范雎要给他挖坑的时候，他却没意识到。一个人再厉害，也有顾不到的地方。

因为记恨白起，豆腐成了他的替身

在今天的山西晋城高平市一带，有种叫"烧白起"的小吃。这是个啥玩意儿呢？其实就是人人都吃过的豆腐。

当地人把豆腐搞了个复杂的做法，先是切成小块，然后又是蒸煮烧烤又是搅碎，就为了报当年的大仇。他们把每道工序都当作是在折磨白起，让他从身体到脑浆都没有一块完整。为啥高平人对白起如此痛恨？这里就是当年的长平战场。这个血海深仇，一记就记了两千多年。

史记文学小课堂 － 语言风格

简练平易的语言

《史记》的语言简练平易、生动流畅，又富于表现力。比如写巨鹿之战时，从项羽所率楚军的英勇，其他各路军队的胆怯，到打败秦军后诸侯将领对项羽的惧怕和臣服，司马迁只用了短短一段文字，就把场景描摹得如在眼前，把事件过程交待得清清楚楚。

及楚击秦，诸将皆从壁上观。楚战士无不一以当十，楚兵呼声动天，诸侯军无不人人惴恐。于是已破秦军，项羽召见诸侯将，入辕门，无不膝行而前，莫敢仰视。项羽由是始为诸侯上将军，诸侯皆属焉。

司马迁使用古书中的材料时，把书中佶（jí）屈聱（áo）牙的词句译成了汉代书面语，大大降低了阅读难度。另外他还引用了很多俗语、谚语，使文字更加生动鲜活，比如"尺有所短，寸有所长""桃李不言，下自成蹊（xī）""前事之不忘，后事之师也"。

王翦
做臣子也是做人

先来个小调查：你们知道秦国名将王翦吗？在秦国并吞六国的历史上，如果说白起是"秋风扫落叶"，一口气刮走了列国很多地盘，那另一位将军王翦就是个做收尾工作的，把被秋风拂落在地上的叶子全部扫好打包进了秦国的口袋。所以，我在写书时把他俩打包放在了一个列传里。

和傲娇的白起相比，王翦聪明多了。他清楚自己的定位，在强大的君王面前非常愿意示弱——换个高情商的表达，他很擅长明哲保身。

王翦生活在战国末期的秦国，这会儿的秦王大名鼎鼎，单名一个政字，是很多年轻人崇拜的迷人老祖宗，秦始皇。秦王政十七年（公元前230年），秦国开启了并吞六国的模式。第一个被灭的，是弱小可怜又无助的韩国。

　　韩赵是邻居，韩国消失，接下来就轮到赵国了。毕竟当年有赵武灵王胡服骑射，灭赵不是个轻松活儿，于是，秦王请出了名将王翦当统帅。因为前面连续摁着赵国打击，秦国已经不需要走太多弯路，就可以直接开到赵国的首都邯郸城外了。不过，别看国家没剩几块地，邯郸城却是当年赵家人动用了最精巧的"土木工程学"修的，王翦带着秦军在这儿耽误了一年多，才终于打下了这座在战国历史上曾多次被救援的城市。首都破了，赵王无奈出城投降，赵国剩下的地盘也就都不再抵抗，整个赵国成了秦国地图上的一个郡。

　　眼看着秦国操作这么猛，跟秦王政有私仇的燕国太子丹想一劳永逸地解决麻烦，派刺客荆轲去刺杀秦王。刺杀行动以"壮士一去兮不复还"结束。

本来秦国的规划是先吞了韩赵魏这个老三晋组合，由于燕国的插队，第二年秦国就调转马头，把王翦调去对付燕国。燕国也招架不住，燕王喜吓得从首都蓟（jì）城（今北京）开溜，躲去了燕国版图最北边的辽东。王翦没有穷追不舍，只是在蓟城撒了一阵欢就班师回朝了。听到消息的燕王终于松了口气——还能苟活一阵。

随后，秦王又派王翦的儿子王贲（bēn）去揍了一通楚国，算是给灭楚摸个底。然后秦国才回到原定目标去打魏国。此时的魏国也是秋后的蚂蚱——蹦跶不了几天了。秦王政就让王翦回家休息，把任务交给了"将二代"王贲。魏国人武力值不再，却团结一致。王贲在大梁城下打了很久都无果，最后干脆来了个损招——掘开河堤，把整个城市淹了。公元前225年，无奈的魏王选择开城投降。

接下来，灭楚也就提上日程了。秦王政知道楚国已经被打残了，但俗话说，百足之虫，死而不僵，楚国毕竟是个从春秋时代就一路牛到战国的庞然大物，还是要慎重一点儿，所以特地找王翦聊了聊想法。王翦表示，想让他领兵灭楚可以，至少要给他六十万人的军队。此时，秦王政的心态就像一个抠门的企业老板，总觉得手底下人狮子大开口是想骗活动经费。王翦知道老大是既想马儿跑又想马儿不吃草，心里也不太乐意，两人话不投机，再聊下去都觉得没劲。

秦王之所以对王翦不满意，是因为没有对比就没有差距。他在问王翦之前，其实还找另一个叫李信的将军聊过。李信参与了前面打击燕国的项目，还亲手捉了太子丹，在秦王面前好好刷过存在感。所以，当李信说灭楚只需要二十万人的时候，秦王马上支持了这个很有性价比的方案，还故意当着大家的面拉踩，说王翦老了怕死，李信年轻，是真勇敢。这也难怪，换了你当领导，布置一个任务下去，有人说二十万能搞定，有人说得要六十万，你肯定也不愿意多掏口袋。

被冷落的王翦也很生气，不过他没表现出来，只是按照臣子不满的老套路请了病假。后来，李信灭楚失败，王翦也没像白起一样，偷偷跟别人嘚瑟自己的远见。于是，这就轮到秦王政不好意思了，他坐着马车一路狂飙，赶到王翦休假的老家登门道歉，请王翦出来收拾烂摊子。精明的王翦没有得意地马上接受，而是再一次表明自己有病。不然，这些日子不变成装病了吗？做戏还得做全套。

王翦表现得很低调，一边说自己无能、病弱，一边恭请领导

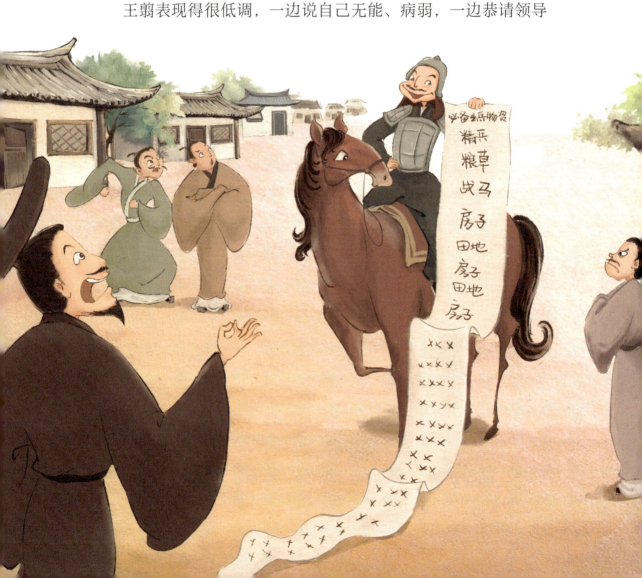

再选一个良将。当秦王强迫王翦别谦虚了，王翦也不再梗着脖子，而是马上答应，但要求还是那条，非得给足六十万人。有了李信的教训，秦王也不吝惜经费问题了，给给给，马上给。

出发前，王翦又来了一段教科书级别的表演，要领导给他赐田赐地赐房子。你想说，这不是敲诈吗？拿到兵权，出征前提要求，这可是大忌讳呢。如果提的是其他要求，可能是忌讳，但王翦的聪明就在这里，他知道把握提要求的度。他要的东西，不过是为了证明他是个没啥大志向，只想退休享乐的人。所以，秦王政听完后是哈哈大笑，而不是眉头一皱。

出发后，王翦感觉戏还不够，又派人找秦王要了几次田。手下的人不理解，觉得王翦的做法太过分了，哪有人拿着秦军几乎全部精锐在手，还没走出门就反复要大王赏赐的呀。王翦心说，你的段位还不够，于是给手下人解释，点明秦王猜忌多疑的性格，他只能靠这样打消其疑点。

不得不说，在心眼跟针眼差不多大的领导手下做事，这一招自污，王翦算是做到了教学级别。后来很多人都抄过他的作业。

到了楚地，王翦先来了个按兵不动，只吩咐士兵们吃好喝好休息好。不管楚军怎么挑衅，这边就是不答应开打。楚军觉得很没劲，正准备撤，王翦抓紧时机就追，所谓"出其不意，攻其不备"，楚国毫无准备，只能一边骂秦国不讲武德，一边落荒而逃。秦军一路追击，攻城略地，最终俘虏了楚王负刍（chú），楚国全境都变成了秦国的郡县。这是公元前223年。

与此同时，王贲和李信也没歇息，公元前222年，两人合作搞定了燕国。然后，还是这哥俩，又在第二年拿下了不作抵抗的齐国。至此，秦国终于完成了统一大业。

与白起悲剧的结局相比，王翦真是一位智者。

偷合取容，以至殁（mò）身。

——《史记·白起王翦列传》

译文 奉承、迎合来取悦君王，让自己苟且地活到死去。

赏析 偷合取容是一个成语，类似的还有偷合苟容，后来的苟且偷生，也是从这个成语衍生出来的。这是司马迁点评王翦的话。他认为王翦过于胆小，虽然功勋卓著，却只想保命，没有积极地劝导君王，算不得一个贤臣。

秦国当兵要"自带干粮"

从军打仗是为国效力，按理说，国家应该负担士兵的全部费用。可在秦国，当兵的不仅把命卖给了国家，还要自理日常花费。

湖北云梦睡虎地出土的秦简里，有一封闻名遐迩的家书，出自一对为秦国服役的兄弟。他们一个叫惊，一个叫黑夫，应该是随王翦灭楚的士兵。作战过程中，惊和黑夫给家里写去了信，信里先是问候和祝福全家每个人的健康，最后才道出写信的目的，要家里人再寄点儿钱和衣服来。可见，当时当个军人，家里的花费还不小。

吕不韦
什么生意最大？

又见面了！今天我们要讲的是一个生意人的故事，他是秦国名相吕不韦。

吕不韦出生在名人故乡——夏朝的首都阳翟（dí）。这里曾是大禹的革命根据地，所以后来也叫禹州。时过境迁，曾经夏朝的首都人，现在只能靠做生意讨生活。吕不韦家是祖传经商，他们不是在家门口开小卖部的，而像是搬运工，把这里的特产低价买入，再高价卖到那里去，约等于是个收取跑腿费的吧。

我并没有看不起这些人，相反，因为我祖上在汉朝当过管理市场的官，我非常清楚商人对拉动经济的作用，也了解他们对社会发展的重要性。在《太史公书》的《食货志》里，我就写过商人们的身影，为他们平反。

扯远了，还是聚焦吕不韦。听说邯郸是个繁华大都市，吕不韦就把生意做到了这里。在赵国，他发现了一个特殊的人——在赵国做人质的秦国公子异人。见到异人时，吕不韦发出了五字评价："此奇货可居。"什么意思？作为生意人，吕不韦倒腾的都是各种货物。而异人在他眼里，就是个奇货，即珍奇少见的货物。

　　交换人质，这是战国标配。一般能被送出去的孩子，基本都是姥姥不疼、舅舅不爱的弃子。异人他爹安国君只是秦王的老二，所以，他只能苦哈哈地变成了质子。但吕不韦却看到了他身上的潜力。

　　由于出镜率很高的昭襄王是个超长待机的老寿星，甚至熬死了自己的太子，第二顺位继承人的安国君就捡漏成了新任秦国储

君，而异人也跟着顺利升了一级，成了太子的儿子。到这里，事情就变复杂了——虽然异人有二十几个兄弟，但家里的王位他可能也有继承权了。为啥这么说呢？因为安国君没有嫡长子。

当时的异人倒没升腾起什么希望，毕竟老爹升级后，也没给他的生活带来实质性的改变。甚至，秦国还是频繁摩擦赵国，赵人恨不得杀质子泄愤。可吕不韦认为，他们可以改变彼此的命运。

国家大事看似是男人的天下，有时候就在女人的一念之间。吕不韦打听到一个重要情报，安国君的小可爱华阳夫人没有儿子。所谓母以子贵，子以母贵，没有孩子的女人就没有依靠，而飘零半生的"野孩子"异人正好缺个怀抱。吕不韦拿出心中那杆秤一掂量，靠平时卖点儿货物，净利润不过几倍，要是能盘出个秦国大王，利润就瞬增几百倍了。于是，他决定当个天使投资人，资助这位落魄公子。

当吕不韦找到异人说要帮他扩大门楣，改变命运时，异人还有点儿瞧不上对方。自己再落魄也是贵公子出身，轮得到你一个身份低微的商人来指点？于是马上讽刺回去："你还是先改变自己的命运吧。"吕不韦笑了，改变了你的，我的也就改变了。我得靠你才能当"富一代"呀。

此话一出，异人明白了，原来这位经纪人是要捧自己出道呢，马上签约合作。

然后，吕不韦计划两步走，一边出钱给异人打造形象，让他出门去扩大社交圈，找名声好的人做朋友；一边亲自跑了趟秦国，去做华阳夫人的思想工作。一个外国商人能见到秦国太子的宠妃吗？生意人有自己的门路，吕不韦找到了夫人的亲姐姐，开启了一对一直播推荐——卖公子异人。一番激情演说，夫人的姐姐很快就被打动，进宫去见了妹妹，把吕不韦的话照搬了一遍，大意

有三点:

一、你现在得宠,是因为年轻漂亮,等将来老了,找太子说句话都难,怎么过后半辈子? 得有个孩子傍身。

二、自己没孩子怎么办? 没有娘的野孩子那么多,甚至有娘的也可以给他换个娘。

三、宫里头夏姬的孩子,在赵国做人质的异人正好想认个干娘。他的劣势是排行在中间,老妈不得宠,没啥存在感,但这也恰恰是他的优势——只能依靠你。

华阳夫人被说服,加上吕不韦假托异人名号送来了流水般的礼物,附带语都是些"听说您没有儿子,我想给您养老""异人飘零半生,夫人若不弃,愿拜为'异'母……"之类的奉承话,听得夫人心花怒放。白得个如此孝顺的好大儿,不是赚了吗?

靠着资本的力量,吕不韦帮异人完成了华丽大翻身。因为华阳夫人是楚国人,认了干娘后,异人干脆改名子楚。这名字那叫一个谄媚,倒过来就是楚国人的儿子。不过,听说他亲娘夏姬也是楚国人,这才没有那么突兀。

后来的事几乎顺风顺水,昭襄王死后,安国君只当了一年的孝文王也谢幕了,子楚从赵国偷渡回国,成了秦庄襄王。同时,他也没过河拆桥,忘掉落难时的好帮手,吕不韦被请到秦国当丞相。庄襄王大手一挥,把洛阳的十万户划给他收税了。

可以说,吕不韦的人生就像变戏法一样,谁看了不想当个柠檬精,说一句羡慕嫉妒恨? 但是,人生就像太阳的运行,升到顶空以后,接下来的命运就是下滑了。

庄襄王才当了三年秦王,也抛下泼天富贵撒手而去,他儿子政即位,这就是后来的秦始皇。小秦王这时候才十三岁,老爹也没把怎么管理国家的技能传给他,于是秦国大事都交给了"仲父"

吕不韦。这个称呼你一定不陌生，前面齐桓公对尊敬的管仲也是这么叫的，相当于秦王也把吕不韦当成了仅次于亲爹的人。

然而，看似相亲相爱的一家人，背地里却出状况了。

在小秦王慢慢长大的过程中，吕不韦变成了一个绯闻缠身的男人。宫廷传言，说吕不韦跟秦王的妈赵姬有私情，这暧昧经年累月，可以追溯到在邯郸的时候。甚至还有一种更难听的流言，说赵姬一开始就是吕不韦的老婆，怀着孩子的赵姬被异人看上，吕不韦无奈，只好把老婆孩子打包相送了。

照这么说，秦始皇竟然是吕不韦的儿子？不管你信不信，反正我是半信半疑。我信的是，天下的事无风不起浪，疑的是，这也许是秦始皇风评不好，六国的人为了黑他，故意瞎编故事，

从身世上否定他的合法性。这种公案，我实在没能力给你们实锤，只能把当时的传言都记录下来，让大家自己判断。

不过，我还可以为你们提供一个辅证。庄襄王夫人赵姬出身于赵国大族。当初秦孝文王一死，异人偷偷跑回国抢王位，没接到报备的赵国很不乐意。而秦赵关系自长平之战后一直仇深似海，赵国人就想把异人的老婆孩子抓住报复，赵姬和小始皇是靠姥姥家的势力才躲过灾祸的。这和吕不韦献上的那位能歌善舞的姬妾，身份差别好像有点儿大。

不过，身世或许没那么乱，但绯闻应该也有点儿根据。眼见小秦王逐渐长大，吕不韦为了脱身，就给已经是太后的赵姬另介绍了情人嫪毐（lào ǎi），两人还为始皇添了两个同母异父的亲弟弟。只是，即便这样吕不韦也没把自己择干净。秦王政九年（公元前238年），嫪毐和太后的丑闻曝光，秦王大怒，不甘心等死的嫪毐干脆宣布造反，结果当然毫无悬念。平定叛乱后，秦王排查关系网，发现这人竟是二爹推荐的，第二年就把吕不韦撤职了。

虽然风波起自八卦，但说到底，两人最核心的矛盾还是权力。吕不韦帮忙管理秦国多年，大权在握。秦王长大后，想要收回权力，自然就要对他下手。最终，被接连打击的吕不韦像很多名人一样，选择用毒酒了结了自己。

史记原典

以色事人者，色衰而爱弛。

——《史记·吕不韦列传》

译文 以容貌侍奉别人的，等容颜衰老，爱就没有了。

赏析 这是人们对女人的奉劝。古代女人依附男人，不只是渴求爱情，也是在求生存。她们对异性最大的吸引力，无非是美貌。可是，人会老，容颜会变丑，甚至有些人容貌还没变，对方的新鲜感就已经过去。封建社会的可怜女性很早就认识到了这一点。为了寻求庇护，有些人选择了养儿防老，有些人选择了修德行，成为一个被人尊重的人。所谓"德不孤，必有邻"，也是一条出路。

史记小百科

一字千金，原来出自吕不韦

吕不韦当上丞相后，想起战国四君子的辉煌，也开始在家里开免费食堂招揽人才。又因为各国那些口才很好的人都喜欢把自己在列国纵横忽悠的故事记录下来，成为流传的书籍，吕不韦心痒难耐，知道著书立说才能流芳后世，就也让门客们把自己的所见所闻集结成书。这部书共二十万字，包含天地万物的道理，叫《吕氏春秋》。

虽然门客们都是当时的文坛巨匠，文笔在当时也算无双，但吕不韦对这本挂了自己名号的书还是非常慎重。他把书的内容贴在城门口，写了张悬赏告示：谁要是能为这本书删减或增加一个字的，就可以得到一千金。中国古人经常说的一字千金，就是从这里来的。这也可以算是史上最高的稿费了。

荆轲

杀个秦王玩玩?

作为一个勤劳的博主,我又为你们带来了新故事——荆轲刺秦。也许你在书本或哪里听说过它的梗概,那就让我来上原始版本吧。

先说个你应该不知道的小知识,荆轲其实不叫荆轲,而应该叫庆轲。他祖上是齐国曾经很红火的庆氏家族,祖先庆封在世时,在权力斗争中被赶了出来,家族成员一哄而散流亡到了各国,其中荆轲的祖先踏进了卫国。那么,是谁给荆轲改了氏呢?荆轲去燕国发展时,燕人把庆和荆叫混了。这口音重的,荆轲也不知道该怪谁了。

不过,正是因为到了燕国,荆轲才算到了主场,有了被我记录,从而名垂青史的机会。

燕国的事,还要从两个人质说起。几十年前,秦、燕都派了人质在赵国,秦国的是前文说的异人,燕国比较实诚,送的是太子,名丹。异人在赵国待得久，完成了娶妻生子的人生大事。太子丹来的时候，异人的儿子政正好和他差不多年纪，大概因为身份差不多，赵政和太子丹玩成了好朋友。后来，异人完成身份大转换，赵政也得以回到秦国，三年后成了秦王政。正所谓同人不同命，曾经的好朋友升职记都完成了，太子丹呢？还在做人质，不过，是从赵国换到了秦国。

本来，老朋友到自己国家当人质，秦王应该好好照顾，可不知哪个环节出了问题，秦王单方面宣布解除朋友关系，不仅没照顾，还老故意欺负他。太子丹一怒之下逃回了燕国。

朋友闹掰更记仇，回去后，太子丹就立了个小目标——找秦王报仇。当然，他也不只是想报私仇，还有大局方面的考虑。毕竟这些年，秦国想吃掉六国的趋势越来越明显，太子丹虽然无力对抗大局，但总想延缓一下这个趋势，给六国腾点儿时间想办法。为了这个志向，太子丹变得特别谦卑，到处寻求人才。转了几重朋友圈，荆轲这个名字进入了他耳朵。荆轲从小读书和击剑，胆子还大，太子丹就像捞到宝，赶紧倾吐自己的诉求。

在太子丹寻找"复仇者"的这几年，局势又被按了加速键。秦王先是抓了韩王，灭了韩国，又出兵打了楚国和赵国。赵国和燕国是邻居，如果赵国支撑不住，那么，秦人一扬鞭就能马踏燕国。六国已经笼罩在被秦国支配的恐惧里，完全组织不起来有效的合纵……说完国际形势，太子丹吐出自己的计划：派勇士去秦国，最上策是劫持秦王，让他把吃下去的六国土地都吐出来。如果办不到这点，那就杀了秦王。秦王一死，带兵在外的将军和新王互相猜忌，这时候，东方各个国家再联合起来抗秦……

不得不说，太子丹确实在下一盘大棋。荆轲听完，惊得嘴巴都合不拢了，心说我不过是个练剑的，为啥要给我这种可怕的任

务？不过，荆轲不愧是高素质男性，即使听到涉及国际局势的大秘密，他表现得也很淡定，以自己无能为由婉拒了。当然了，这种谢绝只是口头上说说而已。你想，天大的秘密都被他知道了，如果不去执行，还能在燕国好好活下去吗？听到这个计划的时候，荆轲的命运就已经被写定。太子丹也心照不宣，你谢绝我就跪下叩头，就是要道德绑架你。于是，荆轲终于接下了历史的任务卡。

接下来，太子丹一天三顿地跟在荆轲身边，好吃好喝供奉着，只要他有什么要求，没有不满足的。这是典型的礼贤下士。被礼待过的人，有一种被贵人当知己的感觉，于是，士为知己者死，赴汤蹈火，在所不辞。

荆轲着手为刺杀谋划。当初，秦国有个樊於（wū）期（jī）将军逃到了燕国，被太子丹收留。秦王政杀了将军的全家，还下令跨境追杀他本人。燕人建议把秦国通缉犯交出去，但太子丹很讲江湖义气，别人走投无路才投靠自己，如果交出去，以后还怎么混呢？可事到如今，荆轲也管不了那么多了，如果能借樊将军的人头一用，就能接近秦王了。刚好，樊将军也豪迈地答应了。

太子丹也在积极做准备。他给荆轲找了个叫秦舞阳的助手。秦舞阳是燕国勇士，十三岁就敢杀人，大街上都没人敢跟他对视。两个勇士，成功率应该能翻倍吧？然后，太子丹又找著名铸剑师徐夫人锻造了一把锋利的短剑，再花重金找工匠在剑上淬(cuì)毒，达到见血封喉的功效。

一切准备就绪，太子丹分发了行动指南：荆轲献樊将军人头，找机会挟持秦王；秦舞阳端着燕国为讨好秦王而割让土地的地图，匕首就藏在地图里。

安排妥当，众人送别两位勇士。荆轲有位擅长乐器演奏的好友高渐离也前来相送。在易水岸边，高渐离击筑，荆轲跟着节拍高唱"风萧萧兮易水寒，壮士一去兮不复还"。所有人都知道这是一条有去无回的路，气氛沉闷凄凉。

随着颠簸的马车，荆轲等人终于到了秦国。作为燕国使者，他们得到了秦王的高规格接待。荆轲和秦舞阳跟着礼仪官慢慢走进大殿。走着走着，看着殿前屋内都是侍卫，秦舞阳心态有点儿崩了，脸色大变，捧着地图的手也开始发抖。关键时刻，还是荆轲沉着。他先是回头安抚秦舞阳的情绪，然后忽悠秦王，说他们是没见过世面的北方粗人，见到大王威严难免颤抖……

荆轲表现从容，秦王没产生怀疑，让他们把馋哭自己的地图赶紧献上。因为秦舞阳已经崩了，荆轲临时改变计划，自己接过地图奉上。秦王慢慢展开图卷，快到尽头的时候，匕首露了出来。——让我们先把紧张的心情放松一下，我来画个重点，成语"图

穷匕见"，就是从这里来的。

匕首暴露，荆轲不装了，左手抓住秦王的袖子，右手抄起匕首就刺。见惯大场面的秦王也惊得跳了起来，两人极限拉扯，把袖子都扯断了。秦王想拔剑抵挡，但当时贵族的佩剑都特别长，再加上剑和剑鞘套得太紧，没法把剑拔出来。荆轲也没给他太多时间思考，举着匕首疯狂追杀，秦王只好来了一招旋风走位，绕着大殿的柱子跑。

那些安保武士呢？怎么只围观不出动呀？这真不能怪他们，秦律规定，任何人都不许带武器进殿。秦法向来严酷，如果谁做了超出自己工作范围的事，可能都要受处罚，所以哪怕面对这种情形，没有大王的命令，大家还是只敢用圆瞪的眼睛表示高度关注。

围观了几圈后，侍从终于想到了解决方案，朝绕柱子的秦王喊：大王把剑放到背后，就可以抽出剑来了呀。秦王政赶紧听指挥，终于拔出宝剑，对准荆轲的腿砍去。受伤的荆轲瞬间瘫坐在地上，顾不上血流如注，还是拼尽力气，把匕首朝秦王投掷过去。只可惜，这最后的机会他也没抓住。秦王气得拿剑连刺荆轲，荆轲知道自己必死无疑了，靠在柱子上大笑："我之所以没成功，是因为我想活捉你。"原来，他并非没有刺杀能力，只是还记着太子丹的上上策，想挟持秦王，迫使他签订归还六国土地的合同。秦王见他仍然嘴硬，命侍从进殿结果了他。

荆轲死后，高渐离也混进了秦宫，想为好友报仇。秦王知道他的艺术天赋，熏瞎他的眼睛后让他当了宫廷乐师。靠着长期隐忍，高渐离一点点取得了秦王的信任。终于有一天，他把铅块装进乐器筑里，准备用筑砸死秦王。只可惜，有眼睛的荆轲都没完成刺秦任务，高渐离就更瞄不准了。杀了高渐离后，秦王也得了一种"总有刁民想害朕"的病，再也不敢让从前的六国人接近了。

秦国的一统天下，在秦人眼里或许是史无前例的大业，但对六国人来说，这完全是踩着他们亲人的血肉完成的，充满了无法释怀的国仇家恨。而这些壮士的伟大之处就在于，明知道行动就会身死，但为了心中的信仰，他们毫无畏惧，一往无前。

史记原典

夫以鸿毛燎于炉炭之上，必无事矣。

——《史记·刺客列传》

译文 把大雁的羽毛放在炭火上烤，必定一下就没了。

赏析 这是燕太子丹的老师劝说太子的话。老师请太子不要得罪秦国，燕国对于秦国来说，轻得就像一根鸿毛，跟秦国对着干，就像拿大雁的羽毛放在炭火上烤一样，瞬间就能把自己玩没了。那时的人经常把生活中的事物总结为形象的比喻，也给后人留下了很多经典又精准的经验。

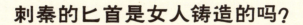

刺秦的匕首是女人铸造的吗？

史记小百科

荆轲藏在地图里的匕首，是战国时期非常著名的铸剑师锻造的。此人名叫徐夫人。别误会，这不是姓徐的人的老婆，也不是某个姓徐的夫人，他是一个男人。"夫"有大丈夫的意思，夫人，也可以表示"这个人"，不光是女性的尊称。所以，战国到东汉时期，都有人取名为"夫人"。

不过，从春秋时期开始，君侯的正妻就已经被称为"君夫人"了，取这种名字，确实容易让人误会。

战国·荆轲

史记文学小课堂 — 场景描写

紧张刺激的荆轲刺秦

《史记》中的场景描写相当精彩，比如"荆轲刺秦"这个经典场面，我们从《史记》原文中感受一下场面的惊心动魄、紧张刺激。

轲既取图奏之，秦王发图，图穷而匕首见。因左手把秦王之袖，而右手持匕首揕（zhèn）之。未至身，秦王惊，自引而起，袖绝。拔剑，剑长，操其室。时惶急，剑坚，故不可立拔。荆轲逐秦王，秦王环柱而走。群臣皆愕，卒起不意，尽失其度。……秦王方环柱走，卒惶急，不知所为，左右乃曰："王负剑！"负剑，遂拔以击荆轲，断其左股。荆轲废，乃引其匕首以掷秦王，不中，中桐柱。秦王复击轲，轲被八创。

这段文字中，大部分为极短的短句，一个动作紧接着一个动作，把刺杀现场的险象环生、紧张急迫表现得淋漓尽致。

图书在版编目（CIP）数据

史记来了！：司马迁带你读史记.叁,战国/大梁
如姬著；李玮琪,李娅绘.-- 北京：海豚出版社,
2024.10（2025.7 重印）.-- ISBN 978-7-5110-7127-9

Ⅰ.K204.2-49

中国国家版本馆 CIP 数据核字第 20247FZ496 号

史记来了！——司马迁带你读史记

叁 战国

出 版 人：王　磊
总 策 划：宗　匠
执行策划：宋　文
监　　制：刘　舒
撰　　文：大梁如姬
绘　　画：李玮琪　李　娅
装帧设计：玄元武　侯立新
责任编辑：杨文建　张国良
责任印制：于浩杰　蔡　丽
法律顾问：北京市君泽君律师事务所　马慧娟　刘爱珍

出　　版：海豚出版社
地　　址：北京市西城区百万庄大街 24 号　　邮　　编：100037
电　　话：（010）65569870（销售）　（010）68996147（总编室）
传　　真：（010）68996147
印　　刷：北京博海升彩色印刷有限公司
开　　本：16 开（787 毫米 ×1092 毫米）
印　　张：37.75
字　　数：280 千
印　　数：20001-30000
版　　次：2024 年 10 月第 1 版
印　　次：2025 年 7 月第 3 次印刷
标准书号：ISBN 978-7-5110-7127-9
定　　价：218.00 元（全 5 册）

买书更划算
天猫扫一扫

海豚出版社
微信扫一扫